新时代"互联网+教育"可视化教程
中等职业教育应用型人才培养通识课精品教

中职生劳动教育

主 编：黄 胜　杨潮喜　刘 勤
副主编：马英海　杨 萍　李明翠
　　　　徐景彩　赵 凯

CS 湖南教育出版社

·长沙·

（版权所有·翻印必究）

图书在版编目（CIP）数据

中职生劳动教育 / 黄胜，杨潮喜，刘勤主编． -- 长沙：湖南教育出版社，2021.9
ISBN 978-7-5539-8444-5

Ⅰ．①中… Ⅱ．①黄… ②杨… ③刘… Ⅲ．①劳动教育－中等专业学校－教材 Ⅳ．①G40-015

中国版本图书馆CIP数据核字（2021）第178717号

中职生劳动教育

主　　编	黄　胜　杨潮喜　刘　勤
责任编辑	张艺琼
责任校对	李布希
装帧设计	摘星创意
出版发行	湖南教育出版社（长沙市韶山北路443号）
网　　址	www.bakclass.com
微 信 号	贝壳导学
电子邮箱	hnjycbs@sina.com
客服电话	0731-85486979
经　　销	湖南省新华书店
印　　刷	长沙长大成彩印有限公司
开　　本	787 mm×1092 mm　　1/16
印　　张	6.75
字　　数	127 000
版　　次	2021年9月第1版
印　　次	2021年9月第1次印刷
书　　号	ISBN 978-7-5539-8444-5
定　　价	35.00 元

（教学资料包索取电话：李老师13875955033）

前 言

劳动教育是中国特色社会主义教育制度的重要内容，直接决定社会主义建设者和接班人的劳动精神面貌、劳动价值取向和劳动技能水平。为构建德、智、体、美、劳全面培养的教育体系，中共中央、国务院于2020年3月20日印发了《关于全面加强新时代大中小学劳动教育的意见》（以下简称《意见》），就全面贯彻党的教育方针、加强大中小学劳动教育进行了系统设计和全面部署。

《劳动教育》根据《意见》精神而编写，主要包括劳动及劳动教育、树立马克思主义劳动观、养成良好的劳动习惯、培养劳动精神、锤炼职业劳动技能、劳动安全与法律法规等内容。学生可以通过学习本书所教授的劳动知识和技能，形成马克思主义劳动观，树立牢固的劳动最光荣、劳动最崇高、劳动最伟大、劳动最美丽的观念；体会劳动创造美好生活，认识劳动不分贵贱，养成尊重普通劳动者的良好品德，培养勤俭、奋斗、创新、奉献的劳动精神；具备满足生存发展需要的基本劳动能力，形成良好的劳动习惯。

本书从学生的认知规律、培养目标和社会对人才要求的实际需要出发，坚持"贴近实际、贴近生活、贴近学生"的三贴近原则和"必需、够用"的要求。在编排体例上，正文中设置了"最美劳动者""拓展与思考""知识链接""边学边练""边学边做""劳动技巧"等小栏目，以帮助学生在做中"学"、在学中"练"，从而使学生有效地了解、掌握和巩固所学知识。另外，本书文字表述简洁明了、通俗易懂，并运用了图表来帮助讲解相关知识点，充分体现了实用性、科学性、可操作性、创新性和可读性的特点。

本书可作为普通高中、中等职业学校劳动课程教学用书，也可作为社会劳动知识培训的选修教材，同时还可用于各级各类人员学习和了解劳动知识的参考用书。

本书由黄胜、杨潮喜、刘勤任主编，由马英海、杨萍、李明翠、徐景彩、赵凯任副主编。

本书在编写过程中，参考和借鉴了许多专家和学者在劳动教育方面的书籍、文献资料以及相关网络资料，在此谨向各位原作者表示衷心的感谢！

由于编者水平有限，书中疏漏或不足之处在所难免，恳请广大读者批评指正。

编 者

2021年3月

目 录

第一单元　劳动创造幸福 / 1

第一课　美好生活靠劳动创造 / 2
一、劳动创造了人类最早的传奇 / 2
二、劳动创造了发展中的幸福生活 / 4
三、劳动创造了现代化的中国 / 5
四、劳动创造了中华民族的美好未来 / 6

第二课　新时代劳动的价值 / 7
一、劳动树德 / 7
二、劳动增智 / 8
三、劳动强体 / 9
四、劳动育美 / 10

第二单元　弘扬劳动精神、劳模精神、工匠精神 / 13

第一课　弘扬劳动精神 / 14
一、崇尚劳动 / 14
二、辛勤劳动 / 14
三、诚实劳动 / 15
四、创造性劳动 / 15

第二课　弘扬劳模精神 / 17
一、爱岗敬业 / 17
二、争创一流 / 18
三、艰苦奋斗 / 20

第三课　弘扬工匠精神 / 21
　　一、精益求精 / 22
　　二、严谨细致 / 24
　　三、勇于创新 / 25

第三单元　掌握生活技能 / 27

第一课　制作营养早餐 / 28
　　一、应该如何健康地吃早餐？ / 29
　　二、学做爱心营养早餐 / 31

第二课　合理搭配服饰 / 33
　　一、根据季节搭配服饰 / 34
　　二、根据场合搭配服饰 / 34
　　三、根据色彩搭配服饰 / 35

第三课　做好清洁与美化 / 37
　　一、室内的清洁与美化 / 37
　　二、室外的清洁与美化 / 39

第四单元　积极参加志愿服务活动 / 43

第一课　志愿服务活动概述 / 44
　　一、志愿服务活动的类型 / 44
　　二、参加志愿服务活动的意义 / 46
　　三、不断提高志愿服务的能力 / 48

第二课　做垃圾分类的环保志愿者 / 52
　　一、垃圾的危害 / 52
　　二、日常垃圾处理流程 / 55

第五单元　就业与创业 / 59

第一课　求职准备 / 60
　　一、求职前的心理准备 / 61
　　二、求职前的自我评估 / 61
　　三、求职前的职业认知 / 61
　　四、求职信息的收集与选择 / 62
　　五、求职的基本步骤 / 64

第二课　求职实施 / 65
　　一、撰写简历和求职信 / 65
　　二、正确选择求职途径 / 67
　　三、识别劳务诈骗 / 69

第三课　面试的应对 / 71
　　一、认识面试 / 71
　　二、面试的准备 / 72
　　三、面试礼仪和技巧 / 73
　　四、面试后续事项 / 75

第四课　创业 / 77
　　一、创业者的知识要求 / 77
　　二、创业的实施 / 78

第六单元　劳动权益保障 / 83

第一课　订立劳动合同 / 84
　　一、劳动合同的订立时间 / 84
　　二、劳动合同的类型 / 85
　　三、劳动合同条款 / 87
　　四、订立劳动合同的注意事项 / 89

第二课　劳动争议处理方式 / 91
　　　　一、劳动争议协商 / 91
　　　　二、劳动争议调解 / 92
　　　　三、劳动争议仲裁 / 93
　　　　四、劳动争议诉讼 / 94

第三课　劳动法律法规 / 96
　　　　一、劳动法律 / 97
　　　　二、劳动行政法规与劳动规章 / 98
　　　　三、有关劳动法律法规的正式解释 / 100

第一单元 劳动创造幸福

高尔基曾说:"我们世界上最美好的东西,都是由劳动、由人的聪明的手创造出来的。"人类在依靠自然、探索自然、改造自然中不断进化,通过劳动成为了自然界的高级生物。劳动是人类在自然界得以生存和发展的唯一途径。

请写下你的感言:

_____
_____
_____
_____
_____
_____

第一课
美好生活靠劳动创造

一、劳动创造了人类最早的传奇

热爱劳动是中华民族的优秀文化基因。对劳动的肯定和赞美是中国传统文化的重要内容。史前时代就有诸多歌颂勤劳的神话，降百谷教民稼穑的后稷、辨药尝百草的神农、为解救人类于漫长黑夜而辛勤钻木取火的燧人等，无一不在勉励人们要勤劳勇敢、自强不息。

拓展与思考

尧帝时代的歌谣《击壤歌》："日出而作，日入而息。凿井而饮，耕田而食。帝力于我何有哉！"

歌谣为我们诠释了远古先民遵循"日出而作""日入而息"的生存哲学，"凿井""耕田"为我们描述了远古先民的生存状况——通过劳动而生活。这让我们深刻地感受到先民对劳动生活的赞美，展现出先民因劳动而过上幸福生活的场景，道出原始的自由安闲与简单快乐。其中，"帝力于我何有哉"一句，更是彰显了远古先民内心深处所享有的自由、自得与自豪。

我国古代书籍中记载着许多关于华夏始祖的神话与传说,其中有制衣冠、建舟车、制音律的黄帝,有禅让帝位的圣君。河姆渡人和半坡人靠着自己的双手种植了水稻和粟,制作了精美的工艺品,如半坡出土的生产工具(石斧、石锛、石铲、石锄、矛头、箭头、鱼叉、鱼钩、纺轮、骨针等)和石制研磨器(磨臼和磨石)。他们以劳动为基础,带领原始先民们生存繁衍,他们的丰功伟绩将被永远载入史册。

知识链接 古代劳动人民勤劳、智慧的伟大成果

中华儿女自强不息,用劳动创造了生活,创造了灿烂文化,在劳动中培养了互助和团结精神。中华儿女在勤劳创造生活的同时,发挥聪明才智,创造了举世瞩目的灿烂文明,在建筑、科技、手工业、天文地理等诸多领域都取得了无可比拟的成就。

万里长城

地动仪 　　　　　榫卯结构

二、劳动创造了发展中的幸福生活

千百年来,劳动是人们念兹在兹的主题。特别是毛泽东主席曾高度概括中国人从来就是一个伟大的、勇敢的、勤劳的民族,由此,勇敢、勤劳成为中华民族的标志性符号,勇敢与勤劳两者也是相伴相随、相辅相成的。

社会的进步,凝结着劳动的艰辛;幸福的生活,散发着劳动的芬芳;美好的未来,期待着劳动的创造。劳动是财富的源泉,也是幸福的源泉。卢梭说:"在人的生活中最主要的是劳动训练。没有劳动就不可能有正常人的生活。"每一个普通的劳动者,都在用自己辛勤的双手创造着属于自己的一份幸福。工人、农民、教师、医生……各行各业的人都在自己的工作岗位上劳动着。我们用汗水创造出物质财富和精神财富,既为别人奉献一份劳动果实,同时也为自己赢得基本的生活保障。

拓展与思考

为什么有人将中国的发展奇迹称为"勤劳革命"?

今日中国,正面临近代以来最好的发展时期,也正处于世界百年未有之大变局,仍需我们凭着勤劳、智慧、勇气,以信仰、信念、信心铸就精神的力量。中国特色社会主义进入新时代,意味着近代以来久经磨难的中华民族迎来了从站起来、富起来到强起来的伟大飞跃。有人将中国的发展奇迹称为"勤劳革命",是中国人的勤劳与奋斗将不可能变成了可能,用几十年时间走完了发达国家几百年才走完的工业化历程。一代代中国人正是在劳动中为国家创造价值,正是在奋斗中让我们比历史上任何时期都更接近中国梦。

只有让劳动最光荣、劳动最伟大成为时代的最强音,才能在全社会培育和弘扬尊重劳动、尊重知识、尊重人才、尊重创造的时代风尚,以辛勤劳动、诚实劳动、创造性劳动创造属于我们的幸福,创造属于我们的当代文明。

三、劳动创造了现代化的中国

当今的我们已经习惯了各种电子设备、科技产品和互联网，那么，科技发展又是如何实现的呢？其正是依靠人类的辛勤劳动。劳动不断推动科技发展，促进劳动方式的转变，推动劳动的现代化，使工作效率不断提高，从而促进劳动生产力不断提高和我国国力不断提升。

站在新时代的十字路口，我们应当明白，这是劳动者的最好时代，是奋斗者的绚丽舞台。今天，我们比历史上任何时期都更接近、更有信心和能力实现中华民族伟大复兴的中国梦。此时此刻，我们就更要继续撸起袖子加油干，用劳动铺就通向梦想的伟大路径。

最美劳动者

延安插队：打坝淤地"吃苦耐劳的好后生"

1969年冬天，习近平和其他两万多名知青一起，踏上了西去的列车，开始了在陕北高原7年的知青生涯。在这里，他种地、拉煤、打坝、挑粪……和陕北的乡亲们同吃、同住、同劳动。来自城市的他不仅很快过了"劳动关"，还成了"最壮的劳动力"。

习近平插队梁家河很长一段时间都是在基建队劳动，主要任务是打坝淤地。梁家河村村民梁新荣那时只有十多岁，回忆起习近平在基建队干活的情景时，还是历历在目："他是真干呢！穿一件蓝色的旧棉袄，腰里系一根点炮时用的导火索，没有一点书生的架子。"

村民们用"吃苦耐劳"来形容习近平。在他们的印象中，习近平经常卷起裤管、光着脚，站在刺骨冰水里干活，当时社员都评价他是"好后生"。

2003年，习近平接受央视《东方之子》专访时，回忆了那段岁月："一年365天，除了生病，几乎没有歇着。下雨、刮风在窑洞里铡草，晚上跟着看牲口，还要去放羊，什么活都干。因为我那时候扛200斤麦子，十里山路我不换肩的。"

（节选自《打坝，修渠，磨豆花……习近平实干兴邦的劳动故事》，来源：人民网－中国共产党新闻网）

四、劳动创造了中华民族的美好未来

　　当我们全身心投入劳动中时，会产生各种奇思妙想，新的创造应运而生，伟大的创举由此产生。正是因为在劳动中产生了新成就，才推动了社会的飞速发展。劳动会创造奇迹，海涅说："人们在那里高谈阔论着天气和灵感之类的东西，而我却像首饰匠打金锁链那样精心劳动着，把一个个小环非常合适地连接起来。"平凡的劳动中，蕴藏着了不起的奇迹。创新的过程，更能体现劳动的价值。

　　勤劳的中国人用汗水与智慧进行建设，贡献出具有世界影响力的四大发明，推动了人类文明的发展和进步。任何事想要做好都离不开勤劳的双手。这种持之以恒的勤劳，在中国人身上闪耀着夺目的光辉。无论劳动形态怎样变化，用诚实劳动创造我们的美好生活，都是时代的最美音符，都是时代的最美风景。劳动最光荣、劳动最崇高、劳动最伟大、劳动最美丽，当劳动真正成为我们的"最爱"时，就会形成强大的精神共鸣，激发蓬勃的创造伟力。

第二课
新时代劳动的价值

一、劳动树德

人们对劳动的理解往往是付出时间获取报酬的手段。高尔基曾经说过,在重视劳动和尊重劳动者的基础上,我们有可能来创造自己的新的道德。因此,我们日常生活中的劳动,都是提升心性最基本也是最重要的方法,在日常生活中扮演好社会赋予自己的角色,或者对于自己应该做好的事情——公务、家务、学习等,都要尽心尽力,孜孜不倦,锲而不舍。

最美劳动者

2019年9月29日上午,中华人民共和国国家勋章和国家荣誉称号颁授仪式在人民大会堂举行。江苏开山岛民兵哨所原所长王继才被授予"人民楷模"国家荣誉称号。从1986年开始,他和妻子守卫开山岛,坚决与走私、偷渡等不法分子做斗争,有力捍卫了国家利益。2018年7月,王继才在开山岛上因突发疾病去世,他把人生最美好的年华无私奉献给了国防和海防事业。

> **边学边练**
>
> 根据示例，将劳动的锻炼内容与优良品德连接起来。
>
> 在生产的过程中，分工要求每一个成员对自己所在的工作环节负责 —————— 责任意识
>
> 如果因为自己的懈怠和懒惰而使整个集体的利益受到损失，那么这个人不但要受到集体舆论的压力，同时也要承担集体的惩罚
>
> 组织者要学会"善于命令"，不能因为自己的权力而自傲
>
> 在劳动组织的过程中，需要耗费大量的时间，必须要有人甘于奉献却又不求回报
>
> 组织能力
>
> 对组织者发出的命令要用积极的态度给予回应，拥护正确的命令
>
> 对劳动者保持亲属般的友谊和爱护，而对那些不劳动的人表现出谴责和愤怒
>
> 奉献精神
>
> 凭借着对未来的美好憧憬及强烈的集体荣誉感而努力工作
>
> 集体中的共同劳动可以培养出一种同志关系，这种同志关系表现为要求他人跟自己一样为了集体利益而努力劳作
>
> 团队友谊

二、劳动增智

　　劳动不仅是对知识教育的补充，其本身也蕴含着丰富的知识内容。在学习书本知识之后，只有动手实践、接受锻炼，才能磨炼其意志，而这也是知识建构的重要过程。南宋诗人陆游诗云"纸上得来终觉浅，绝知此事要躬行"，意谓从书本上学来的东西终归是浅显的，只有参加实践活动才能够获得最真实的知识。实践本身就是一种知识，不身体力行地动手操作，不可能领悟其中的奥秘。

> **拓展与思考**
>
> 毛泽东在《人的正确思想是从哪里来的？》一文中，分析了人类在认知事物过程中实践的重要性，指出感性认识需要不断在实践中积累，积累到一定程度转化为理性认识，理性认识再返回到实践中去检验，从感性认识再到理性认识，循环往复，不断上升，最终达到对事物全面深刻的理解和认识。

三、劳动强体

苏霍姆林斯基认为，每一个人都离不开劳动，劳动有助于增强体质，让人拥有健康的体魄。劳动能改善睡眠，使人身强体壮。

很多学生沉迷于电脑和手机游戏，长期保持同一姿势，容易导致骨骼变形、视力下降。而劳动能使他们抬头远望，舒展身姿，有利于身体生长发育。劳动不仅能给肉体带来健康，同时还能让心灵变得充实与宁静。

需要注意的是，并不是所有劳动都能给人带来强体的效果。如果当所选劳动的强度超出了自身负荷，那么将会给身体机能造成严重的危害。所以，在选择所要进行的劳动项目时，一定要根据从实际情况出发，做到真正的循序渐进、以劳强体。

边学边练

不同的劳动能锻炼身体的不同部位。让我们行动起来吧！

家务劳动	锻炼部位
扫地	胸部、背部、手臂
清洁马桶	背部、手臂
擦洗鱼缸	背部、手臂
烹饪	上半身
拖地	手臂、肩膀
洗衣	上半身、胸部
洗碗	前臂、肱二头肌、肱三头肌、胸部

四、劳动育美

马克思在阐述劳动的本质属性时使用了"美的规律"这个概念，指出"动物只是按照它所属的那个种的尺度和需要来构造，而人却懂得按照任何一个种的尺度来进行生产，并且懂得处处都把固有的尺度运用于对象；因此，人也按照美的规律来构造。"在实践中，我们能感受到遵循客观规律创造美的过程。

梯田是哈尼族人世世代代留下的杰作，经过千百年来各族人民辛勤的劳动，依山开垦了36万多亩的梯田，堪称世界一绝

农民为了让水田的水更均匀地浇灌每棵秧苗，要通过耙耧将水田的地面整理平整，这项生产技术叫"做水平"，它同时也造就了"绿满山原白满川"的田园景观。园林工人栽培树木时，都会把树的株距、行距排列均匀有序，为的是确保每一棵

梯田

树都能均衡地享受阳光、空气及养分，树木也只有拼命笔直生长，才能享受到最优的生长环境。这是栽培树木的客观规律，也是树林具有几何图形般美感和音乐律动感的原因。这些都让我们感受到"劳动创造美"的审美愉悦。

课堂活动

辩论赛： 劳动教育在人工智能时代是否重要

反方观点： 劳动教育在人工智能时代不重要

正方观点： 劳动教育在人工智能时代仍然重要

反方： 从人的社会交往看，人工智能技术的发展使得我们传统的交流方式正在改变，人机关系、虚拟和现实关系正在成为人际交往的重要组成部分，人与人交流的物理性限制在不断地消失。

正方： 社会性是人的本质属性。人与人交流的物理性限制虽然不断地消失，但同时，网络、微信、手机等各种社交工具，在一定程度上对人际关系带来了挑战。劳动教育通过家务劳动、校园劳动、社区劳动以及社会志愿者活动实践，可以很好地拓展人的社会交往能力。我们在劳动教育实践活动中，可以重新思考如何处理与他人、与社会的关系，通过这些实践活动提高自身的主体意识、合作意识、大局意识以及解决问题的能力。

反方： 互联网已经成为我们生活不可或缺的一部分，当我们随时随地可以通过智能手机上网获取解决问题的答案时，互联网也在改变着我们的思维方式。既然数字时代获取知识如此方便，那么通过网络寻找答案当然也是解决问题的途径。

正方： 思想的成熟是需要有一个持续不断的训练过程的。如果我们碰到问题首先想到的就是网络，对问题没有调查研究，或者调查了之后也没有形成对结论的真实性进行独立思考的习惯，那么很难说我们的思想就是成熟的。劳动蕴含着人的心智和思维方式，今天的劳动教育，更多地着眼于提高人的思考力、创造力和创新力，这些能力正是人工智能时代我们需要具备的核心素养。

写出你的观点： _____
_____
_____

劳动实践不仅能够唤起人对美的赋形、美的色彩和美好生活的感知，还能让人通过学习和思考，体察客观事物发展变化的规律。离开劳动实践，缺少应有的感性认识和训练，就会缺乏对这种规律和美感的认识。

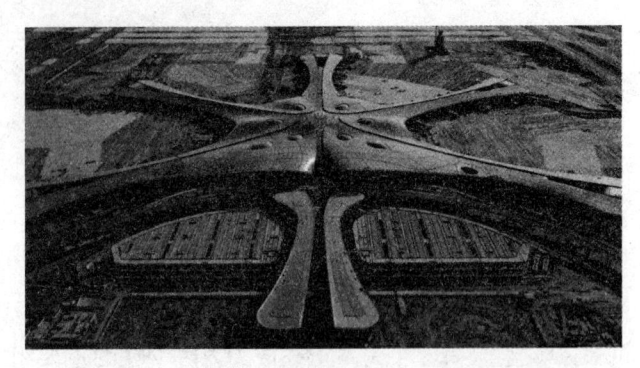

北京大兴国际机场航站楼形如展翅的凤凰

第二单元 弘扬劳动精神、劳模精神、工匠精神

按照马克思主义的基本观点看，劳动创造了人本身。劳动精神是成为人的精神，工匠精神是成为更加优秀的人的精神，劳模精神则是成为影响别人的人的精神。成为人、成为更加优秀的人、成为影响别人的人，就是一种逐步递进的关系。党和国家现在大力呼吁弘扬劳动精神、工匠精神、劳模精神，目的就在于让每一个人都热爱劳动，成为自食其力的劳动者，更要成为优秀的劳动者，甚至成为广大劳动者群体中的佼佼者和大家学习的榜样。

请写下你的感言：

_____
_____
_____
_____

第一课
弘扬劳动精神

一、崇尚劳动

　　罗曼·罗兰说:"生活中最沉重的负担,不是工作,而是无聊。"对个人而言,劳动是生存的理由;对家庭而言,劳动是改善生活的手段;对国家而言,劳动是推动社会发展进步的力量。劳动因岗位不同而彰显不同意义,对军人而言,劳动是提升部队战斗力的保证。习近平总书记指出:"无论时代条件如何变化,我们始终都要崇尚劳动、尊重劳动者,始终重视发挥工人阶级和广大劳动群众的主力军作用。"今天,我们所拥有的一切都凝聚着劳动者的聪明才智,浸透着劳动者的辛勤汗水,蕴含着劳动者的默默付出和无私奉献。只有正确认识劳动的价值、理解劳动的意义,我们才能更好地尊重劳动、崇尚劳动、热爱劳动,并付诸实践,创造美好生活。

火神山医院——
十天创造新奇迹

二、辛勤劳动

　　回望我们国家走过的历程,从站起来、富起来到强起来,无论多么大的辉煌,背后都是劳动者的艰辛付出。正是在筚路蓝缕、胼手胝足与挥汗如雨的劳作中，我们托起了一个充满活力的现代中国。而要实现中华民族伟大复兴的中国梦的宏大愿景，同样需艰苦奋斗、不懈努力。

三、诚实劳动

诚实劳动是指在法律法规、各项政策允许的范围内所从事的各种有益于社会发展的体力和脑力劳动，如从事工农业生产、商业服务、科教文卫工作，以及社会咨询、信息传播工作等。同时，诚实劳动也是指劳动者以主人翁的态度对待劳动的一种道德规范。它具体表现为：每一个有劳动能力的人都应该把为社会而劳动看作自己应尽的职责和神圣的义务，尽己所能地从事劳动；在劳动中发扬首创精神，不墨守成规，不满足现状，善于吸收各时代、各民族、各国的好东西，敢于在前人、他人成果的基础上努力学习，掌握最新的科学技术，使用最先进的科技装备。

拓展与思考

"民生在勤，勤则不匮。"汗水与付出，诠释着最朴素的民族精神。正如习近平总书记所说："人世间的美好梦想，只有通过诚实劳动才能实现；发展中的各种难题，只有通过诚实劳动才能破解；生命里的一切辉煌，只有通过诚实劳动才能铸就。"

诚实劳动是以合法劳动为基础的辛勤劳动，它既是劳动者品质的体现，又是创造美好生活的必由之路。

四、创造性劳动

创造性劳动即创新劳动，是将劳动和创新联系在一起，结合在一起。创造性劳动是时代特点的反映，也是建设创新型国家、实现中国梦的必要措施。对创造性劳动及其相关范畴的深刻认识,可以提高我们建设创新型国家的自觉性和能力。

创造性劳动的表现形式是技术、知识、思维的革新。一个社会,只有弘扬创造性劳动光荣的良好风气,才能实现劳动的愉悦,才能实现社会财富的不断增长。一些劳动形式和内容的进步与变化,表明了创造性劳动在时代发展中的进步价值。社会在发展,劳动方式在变化,创造性劳动所体现出的社会价值及内涵会更加深刻。

创造性劳动使我们在体力劳动中运用智慧的力量,实现"内在思"和"外在做"的统一,从而体验到劳动的幸福。当代人们的劳动价值观已经从"劳动光荣"转向"劳动幸福",即从通过劳动成果从外部获得的一种赞誉转向从自身的劳动成果中获得自我肯定。因此,劳动活动的展开不能只停留于简单的体力劳动,而是需要开发具有挑战性、能够将我们的体力和脑力的潜能展现出来的创造性劳动。

最美劳动者

崔道植:64年坚守一线的刑侦专家

他凭一枚弹壳就能拨开案情迷雾,仅靠半枚指纹就能锁定真凶。他身经百战,屡建奇功,被誉为中国警界重大疑难刑事案件痕迹鉴定的"定海神针"。

从警64年,他参加了上千起案件的现场勘查,7000多件痕迹物证的鉴定,无一差错。

"白宝山暴力袭警""持枪抢劫杀人案"曾被列为1997年"中国刑侦一号案",当时,北京、新疆两地都发生了恶性枪击案,但现场除了几枚残留的弹头和弹壳,别无线索。

作为我国最早研究枪弹痕迹的专家,在射击弹壳与弹头中辨别纤如发丝的各种痕迹,是崔道植的"独门绝技",经过3天2夜的鉴定,崔道植最终得出结论:两地案件的弹壳均为同一支步枪所发射,可将两地案件并案侦查。一周后,警方迅速锁定并缉捕罪犯白宝山,情况与崔道植的判断完全符合。

第二课
弘扬劳模精神

劳模精神是劳模在平凡岗位上做出不平凡业绩所体现的基本信念、价值追求、人生境界及其展现出的整体精神风貌。

一、爱岗敬业

一份职业，一个工作岗位，都是一个人赖以生存和发展的基础保障。同时，工作岗位的存在，往往也是人类社会存在和发展的需要。所以，爱岗敬业不仅是个人生存和发展的需要，也是社会存在和发展的需要。爱岗敬业是平凡的奉献精神，因为它是每个人都可以做到的，而且应该具备的；爱岗敬业是伟大的奉献精神，因为伟大出自平凡，没有平凡的爱岗敬业，就没有伟大的奉献。

爱岗敬业是爱岗与敬业的总称。爱岗敬业指的是忠于职守的事业精神，是职业道德的基础。爱岗和敬业互为前提、相互支持、相辅相成。爱岗是敬业的基石，敬业是爱岗的升华。爱岗指岗位工作人员应该热爱自己的本职工作，安于本职岗位，稳定、持久地在工作中耕耘，恪尽职守地做好本职工作。敬业指岗位工作人员应该充分认识本职工作在社会经济活动中的地位和作用，认识本职工作的社会意义和价值，具有职业的荣誉感和自豪感，在职业活动中具有高度的劳动热情和创造性，以强烈的事业心、责任感从事工作。

拓展与思考

"我的一位老班长曾经给我讲过一段话,他说:什么叫作不简单?什么叫作不容易?就是要长时期甚至用几十年的时间认认真真、持之以恒地做好一件事情,这就是不简单,就是不容易。"前不久,在国务院新闻办公室中外记者见面会上,获得全国劳动模范称号的贵州钢绳(集团)有限公司二分厂技术员、高级技师周家荣动情讲述了自己的成长之路。立足岗位、脚踏实地,干一行爱一行、钻一行精一行,周家荣等先进模范用拼搏奋斗实现人生梦想,以爱岗敬业弘扬劳动精神。

二、争创一流

在工作岗位中表现出的争创一流的精神,是对爱岗敬业的完美诠释,也是对实现个人价值的迫切需求。

争创一流,要有更高更严的要求。"世事间,做于细,成于严。"在新常态下争创一流,必须着眼于对个人有挑战性的任务,通过从细处着手、从实处着力,认真贯彻执行每一个工作环节,让自己实现高标准、高要求下的目标任务。

最美劳动者

杭州:95后"快递小哥"成高层次人才

最近,杭州95后"快递小哥"李庆恒获评杭州市高层次人才。根据相关政策,除了在杭州购买首套房可获得100万元补贴外,他还能在医疗保健、子女就学、车辆上牌等方面享受照顾。

李庆恒是安徽阜阳人，2015年开始在杭州从事快递业，如今是申通快递浙江省公司质控部组长。李庆恒坦言，评上杭州市高层次人才，是因为自己参加了浙江省第三届快递职业技能竞赛暨第二届全国邮政行业职业技能竞赛浙江省初赛，并获得快递员项目的第一名。

李庆恒高中辍学，此前在一家咖啡店工作，因为喜欢"快递小哥"风风火火的工作状态，最终从咖啡店离职，进入快递业。

李庆恒从入职第一天起就兢兢业业，刻苦钻研提升自己的业务技能。他告诉记者，进入快递业后，自己并不是从快递员做起，而是先在客服岗位。为了做好客服工作，他总是主动接触一线快递员的工作，比如遇到"双11"等大促活动时，李庆恒会主动帮忙打包、发货。对此，他不仅不觉得累，反而觉得很充实。

杭州：安徽快递小哥获评"高层次人才"获百万房补

后来，李庆恒被派往桐庐参加快递员比赛。第一次参加比赛，李庆恒就捧回奖杯。

去年8月，李庆恒再次被选派参加浙江省第三届快递职业技能竞赛暨第二届全国邮政行业职业技能竞赛浙江省初赛。

竞赛项目包括理论知识竞赛和实际操作竞赛两部分。李庆恒说，既要熟悉诸如全国各地邮编、城市号码、航空代码等，还要从数百件物品里，一眼就把固体胶、U盘、打火机、人民币、乒乓球等航空禁寄物品挑出来。

"最难的部分是'画地图'，要在12分钟内在电脑上完成19票件的派送路线设计。"既要保证每一个快件的时效，又要考虑路线的优化合理性，即用最少的时间、最短的路线，确保快件准时准确送达。

凭借过硬的业务能力，李庆恒获得该赛事快递员项目的第一名。他还被浙江省人力资源和社会保障厅授予"浙江省技术能手"称号。今年5月，经中共杭州市委人才办、杭州市人力资源和社会保障局认定，李庆恒获评杭州市高层次人才，认定类别为D类，可享受国内外顶尖人才、国家级领军人才、省级领军人才、市级领军人才、高级人才（分别用A、B、C、D、E来指代）政策：在杭州购买首套房，可享受100万元补助；同时，还可享受杭州市三级医疗保健待遇，要求入（转）义务教育段学校、幼儿园或报考各类高中的人才子女，可享受杭州市居民同等待遇；车辆上牌补贴，最高不超过3万元。

（节选自《杭州：95后"快递小哥"成高层次人才》，来源：中国青年报）

三、艰苦奋斗

　　艰苦奋斗是党在长期的革命、建设过程中形成的优良传统和作风，是党的政治本色，也是党团结和带领人民实现国家富强、民族复兴的强大精神力量。

　　艰苦奋斗精神自古就有。如埋头苦干，努力钻研哥德巴赫猜想的数学家陈景润；不畏艰险，建设油田的"铁人"王进喜；寒冬坚持练习扔手雷、拉单杠的好楷模雷锋。他们身上所体现出来的艰苦奋斗精神，表现为全身心地投入自己的奋斗目标中，不畏沿途的困难艰险，持久地坚持完成目标。

　　历史在前进，社会在发展，艰苦奋斗的精神在不同的时代有不同的内容和形式。艰苦奋斗不仅是一种勤俭朴素的生活方式，它还是一种取之不竭的精神动力。在物质层面，艰苦奋斗表现在生活上朴实节俭、吃苦耐劳，要求人们面对现实，把生活支出和消费限制在合理范围内，珍惜劳动创造的物质财富，并在此基础上创造出更多的价值。在精神层面，艰苦奋斗是一种不畏艰难困苦、坚韧不拔、奋发有为的精神风貌和人格风范，是一种自强不息、知难而进、积极进取、勇于探索的精神状态和行为品质。

第三课
弘扬工匠精神

知识链接

"匠"这个字,外框的"匚",是一个口朝右可以装木工用具的方口箱子,其中的"斤"就是木工用的斧头。所以在上古时,只有木工才叫"匠"。《庄子·徐无鬼》有记"匠石运斤成风"。意思是说:一位姓石的木匠抡起斧头如一阵风。

《周礼·考工记》将木匠进行了细分——"攻木之工:轮、舆、弓、庐、匠、车、梓"。再后来,社会发展,文明进步,手工业日趋发达,"匠"的概念便愈发宽泛。明末清初,汉口一带活跃着许多靠手艺吃饭的民间匠人,他们有一个统一的称谓——"九佬十八匠"。他们走乡串户,用自己的手艺服务乡民。从妇女戴的金银首饰,到每个人都要用的锅碗瓢盆,他们的手艺涉及生活中的方方面面。民间的艺人,是最普通的劳动者,是中国几千年文化的积淀。相对古代,今天所表述的"匠人精神"更加宽泛。它已真正成为一种处世精神和生活态度——不被外力移志,不为外利惑心,坚定自己的理想,坚守自己的本职,在平凡的岗位上追求完美和极致。

一、精益求精

从古至今，大凡功勋卓著者，多是勤奋务实、追求完美之人。历经时代淘洗与先贤实践，精益求精的精神已融入国人血液，并日见厚重。精益求精是指从业者对每件产品、每道工序都凝神聚力、追求极致的职业品质。近年来，人们耳熟能详的"工匠精神"，亦可视为新时代对精益求精的另一种注解与诠释。在纷繁社会中，我们只有沉下身、静下心，专攻术业，才能抵达新境界，收获成果。

拓展与思考

《诗经》云："如切如磋，如琢如磨。"朱熹说："言治骨角者，既切之而复磋之；治玉石者，既琢之而复磨之；治之已精，而益求其精也。"这就道出了"精益求精"一词的丰富内涵。正如老子所说："天下大事，必作于细。"精益求精，才能获得成功。我们应该怎么做？

（1）从小事做起。事无巨细，每做一件事，如打扫卫生、完成作业等，都应竭心尽力，力求完善，让精益求精变成一种自觉、一种态度、一种习惯。

（2）严格要求。精益求精意味着做同一件事时，为达到更高的标准，要花更多的时间和更多的精力。在做一件事时，切不可满足于"还不错""差不多""可以了"。

（3）持之以恒。好习惯、好品质的养成不是一朝一夕就能完成的，需要日复一日、持之以恒地坚持。

> **最美劳动者**
>
> ## 李凯军：做"人刀合一"的创新王者
>
> 在钳工的世界，一汽铸造公司产品技术部首席技能大师李凯军大名鼎鼎。锉、削、磨、抛……随着行云流水的动作，一个金属圆球在他掌中幻化成了一个精巧的正十二面体，棱角分明，光洁如镜，如钻石般熠熠生辉。
>
> "尺寸精度达到0.01毫米，是头发丝的六分之一！所有相邻面的夹角误差不超过1分，粗糙度达到0.2以上！就连数控设备都无法实现！"技术表演现场，一众专家连声惊叹。
>
> 奥迪、红旗等高档轿车上有大量关键性零部件，它们很多都诞生自李凯军制造的高精尖模具之下。
>
> 1990年初，技校毕业入厂第7个月，李凯军独立完成的CA141发动机盖板模具制造迎来验收日——这套模具技术要求非常高，就连从业几十年的老师傅都认为"不好干"。
>
> "新人咋也得一年才能'出师'，他7个月就能单挑这么高难度的活儿？"厂里质检员、钳工班"元老"周师傅，将信将疑。
>
> 只看了一眼，被工友誉为"火眼金睛"的老周，就直了双目。左量右测之后，老周轻轻用布擦去自己留下的指纹，一句话没说，转身走了。
>
> 第二天，一条消息在厂里传开了："向来挑剔的老周，给李凯军的工件打了一等品！"
>
> 此后，在李凯军征战的大大小小技能赛事上，类似的一幕，无数次发生，他成了常胜将军。
>
> 要激发出刀的灵性，需要超乎寻常的悟性，而实现"人刀合一"，更需要坚韧不拔的意志。为精准驾驭每一次落刀的力道，李凯军坚持每早做400个俯卧撑，20年滴酒不沾，而他2分钟跳绳426个的纪录，迄今厂里也无人能破。
>
> （节选自《【身边的大国工匠】做"人刀合一"的创新王者》，来源：中工网－工人日报；记者：彭冰 柳姗姗）

二、严谨细致

严谨细致是指对一切事情都有认真、负责的态度，严格执行每一环节、每一步骤，不心浮气躁，不好高骛远，把事情做精做细，做得出彩，做出成绩。

严谨细致是一种工作态度，反映了一种工作作风。一个人长期保持这种工作态度是不容易的，这就需要他不为私心所扰，不为名利所累，不为物欲所惑，始终树立争一流、创一流的观念。严谨细致，是成功者的基本素养。只有通过反复核对、综合分析，不忽略、不放过任何细微的变化，才能在蛛丝马迹中"捕捉"到成功。

从国家发展视角来看，随着工业4.0概念和《中国制造2025》等发展规划，国家对于高技术技能型人才的需求越来越迫切，对于新时代职业青年践行工匠精神更加重视，这充分印证了院校大学生的劳动思想、劳动智慧、劳动思维和劳动习惯的重要性。

知识链接

《中国制造2025》是中国政府实施制造强国战略的第一个十年行动纲领。

《中国制造2025》提出，坚持"创新驱动、质量为先、绿色发展、结构优化、人才为本"的基本方针，坚持"市场主导、政府引导，立足当前、着眼长远，整体推进、重点突破，自主发展、开放合作"的基本原则。

三、勇于创新

　　劳动的灵魂在于创新。作为劳动过程中的基本要素，劳动环境和劳动手段伴随生产力的发展而变化，劳动主体要根据现实条件与时俱进，不断调整劳动的具体目标，创造性满足劳动需求，将创新精神贯穿劳动全过程。党的十八届五中全会提出以"创新"为首的五大发展理念，强调实现新时代创新型国家，必须"让创新贯穿党和国家一切工作，让创新在全社会蔚然成风"。提倡创新精神，既是尊重人民群众"首创精神"的体现，又是对"科学技术是第一生产力"的新时代解读。

　　创新是一种追求，一种信念。创新是人的才能的最高表现形式，是推动人类社会前进的车轮。纵观历史，每一位取得卓越成就的人，无不是敢于创新的。敢于创新，是一种极其宝贵的精神，我们都应该学习。

拓展与思考

　　杂交水稻之父袁隆平与助手用了六年时间，做了三千多个杂交组合，像神农尝百草一样，日复一日地在一簇簇野草堆里搜寻，终于找到了他心中的"野败"。袁隆平凭借着这份执着与追求，开创了震惊世界的一次"绿色革命"。因为他坚信，只要有执着追求的激情与行动，就会有创造的果实。

　　我们应该怎样培养自己的创新意识和创新能力呢？

　　（1）总结前人的经验和教训。总结前人的经验和教训是创新工作的基础，通过借鉴前人的工作，我们可以站在巨人的肩膀上看待问题、考虑问题和解决问题。

　　（2）培养科学的学习习惯和思考习惯。培养创新意识和创新能力需要摒弃社会中的不良风气和诱惑，切实发现自己的真正兴趣，并把自己的兴趣推而广之，坚持不懈地沉醉在发现问题和解决问题的思考当中。同时，还要善于用逆向思维考虑问题的症结，不断地培养自己的直觉，并把思维的灵感火花及时保存，成为研究的新发现。

　　（3）积累夯实基础知识。良好的基础知识是创新成果诞生的基点，优秀的创新成果都是饱含科技含量的，没有坚实的知识积累和深厚的知识底蕴，不可能孕育出优秀发明。

（4）勤于动手，乐于实践。创新的灵感大部分来源于现实生活，所有有意义的"创新"都来源于实践，创新的热情、知识的储备、实践的动力对于创新能力来说缺一不可。在实践中，可以发现创新的乐趣，当这种乐趣转变为爱好时，创新的冲动就变为了一种能力。

知识链接　这些创新大赛，你了解吗？

1. 全国大学生机器人大赛

全国大学生机器人大赛又名全国大学生机器人电视大赛，是由中央电视台主办，科技部高新技术发展及产业司、国家"十五"863计划机器人主题、中国自动化学会机器人竞赛工作委员会协办的全国大学生科技活动。该大赛自2002年开始，每年一届，为"亚广联亚太地区大学生机器人电视大赛"选拔中国大学生的优秀代表队，每届一个主题。该项大赛的目的是培养和开发全国大学生的聪明才智与创新精神，展示当代大学生机器人制作能力与高新技术应用水平。

2. 全国大学生软件创新大赛

为进一步提升大学生创新思维，全面推动软件行业发展，促进软件专业技术人才培养，为国家软件产业输出有创新能力和实践能力的高端人才，提升高校毕业生的就业竞争力，教育部示范性软件学院联盟自2008年开始举办全国大学生软件创新大赛。

3. 中国互联网大学生创新创业大赛

首届中国"互联网+"大学生创新创业大赛，以"'互联网+'成就梦想，创新创业开辟未来"为主题，由教育部与有关部委和吉林省人民政府在2015年共同主办。大赛旨在深化高等教育综合改革，激发大学生的创造力，培养造就"大众创业、万众创新"的生力军；推动赛事成果转化，促进"互联网+"新业态形成，服务经济提质增效升级；以创新引领创业、创业带动就业，推动高校毕业生更高质量创业就业。

第三单元 掌握生活技能

自理能力是指独立料理自己生活的能力，它不会与生俱来，必须通过自我服务性劳动来培养。生活自理能力影响生活自律性及学习能力。

请写下你的感言：

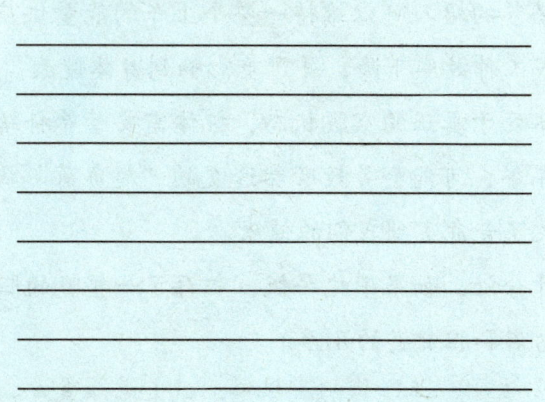

_____
_____
_____
_____
_____
_____

第一课
制作营养早餐

营养早餐，通俗讲就是有养分的早餐。人体在夜间经过新陈代谢，营养元素消耗殆尽，营养早餐不仅能给亏缺待摄的身体以必需的营养，而且能给饥渴的脑细胞提供能量，带给我们精力、活力和健康。

知识链接　　　　　　　　　　　　　　　长期不吃早餐的危害

1. 对于正常工作人群来说，早餐的摄入可以维持一整个上午的能量供应，上午的工作量集中但却不吃早餐，会造成工作效率下降，并严重影响到身体健康。

2. 经过一个晚上的时间，身体处于真正的空腹状态，机体需要营养补给以应对上午的工作及生活需要。如果不吃早餐，可能会导致营养透支的"超负荷"状态，从而难以维持机体的正常功能，时间久了会危害到我们的健康。

3. 晨起食物的刺激有利于胆汁分泌，如果不吃早饭，积存了一整晚的胆汁便无法充分分泌，久而久之增加了患胆结石和胆囊炎的几率。

（来源：人民网－人民健康网）

边学边做

很多人都知道一定要吃早餐，但是不同的早餐习惯，对身体会有不同的影响。下面让我们通过早餐情况调查问卷，来了解一下自己是否具有不良的早餐习惯。

早餐情况调查问卷

1. 你经常不吃早餐吗？
   A. 是　　　　　B. 否
2. 你经常将饼干、巧克力当早餐吗？
   A. 是　　　　　B. 否
3. 你常常边走路边吃早餐吗？
   A. 是　　　　　B. 否
4. 你喜欢在早晨喝冷饮或吃滚烫的食物吗？
   A. 是　　　　　B. 否
5. 你经常将隔夜的饭菜当早餐吗？
   A. 是　　　　　B. 否
6. 你常常狼吞虎咽吗？
   A. 是　　　　　B. 否
7. 你经常吃油炸食品吗？
   A. 是　　　　　B. 否

如果你的答案大多是"是"的话，那么你的早餐习惯就必须好好加以改正。

一、应该如何健康地吃早餐？

我国饮食文化博大精深，早餐深受重视。但是，你真的会健康地吃早餐吗？

健康的早餐应该满足以下标准：首先要营养均衡。健康早餐应该由3部分组成，即粮谷类、蛋白质（含脂肪）和蔬菜水果。粮谷类包括花卷、馒头、米粥、面包等。牛奶和鸡蛋是蛋白质主要来源，也是最好的搭配。蔬菜水果类包括黄瓜、西红柿（小）、苹果等。生吃的蔬果营养素不易丢失，有利于健康。然后要看早餐中是否含有不健康成分，是否多盐、多糖、多油或含有致癌物质。

下面就用这个标准看看我们平时常见的早餐搭配是否科学。

1. 牛奶 + 鸡蛋

牛奶 + 鸡蛋是很多年轻人早餐最爱的选择，这个搭配虽然便利，但并不科学。一夜过去，人体正处于"饥饿状态"，而牛奶和鸡蛋提供的主要都是蛋白质，缺少人体必需的碳水化合物，不能满足我们的能量需求，吃过之后会很快感到饥饿。为了补充能量，建议搭配面包、馒头等主食食用。

2. 油条 + 豆浆

和牛奶 + 鸡蛋相比，中式特色的油条 + 豆浆似乎是更多老百姓的选择。但这样的吃法同样不够健康。油条的油脂和热量都偏高，在高温油炸的过程中，营养价值流失，甚至还会产生致癌物。豆浆虽然营养丰富，但它属于中脂性食品。所以这样一份早餐的脂肪含量显然超标，长时间吃容易导致肥胖。建议豆浆、油条的食用次数一周不要超过 2 次，当天的午餐、晚餐尽量清淡。

3. 白粥 + 咸菜

白粥虽清淡、易于消化，但营养成分单一，尤其是稀粥，基本只能为人体提供能量和水，且白粥要比米饭消化速度快，很容易产生饥饿感。咸菜搭配白粥虽美味，但其中的亚硝酸盐含量和微生物含量都容易超标，存在健康风险。此外，盐分摄入过多也不好。建议每天搭配一个煮鸡蛋，鸡蛋不仅有蛋白质，蛋黄中还富含卵磷脂、维生素 A、维生素 B12 等营养素，是与人体所需营养模式最接近的食物之一。咸菜可以吃，但要注意控制量。

4. 蔬菜水果沙拉

很多健身人士喜欢把蔬菜水果沙拉作为早餐，这样看似健康，实则不然。因为这样一份早餐中缺少主食和蛋白质，提供的热量过少，而且空腹吃香蕉、橘子等水果会刺激胃酸分泌，易导致消化系统疾病。建议搭配着主食和鸡蛋、牛奶等食物吃。对于消化功能不好的人来说，早餐应以温热食物为主。

二、学做爱心营养早餐

在节假日，我们可以把自制的食谱付诸实践，为家人准备一顿美味的早餐，这样既可以感受平时父母做早餐的辛劳，也是对家人爱的表达。

步骤：

1. 征求家人的意见，了解他们的需求。

2. 上网查找有关食材的功效（我们以老年人需要补钙、提高免疫力为例，熬煮一款能有效补充身体所需的钙元素及多种微量元素、口感也非常好的小米红薯粥）。

3. 准备所需食材（3人餐）：小米150克、红薯1个、红枣10个、枸杞适量。

4. 烧开水并将开水凉至人体温度（每人100ml），早餐前饮用。

5. 熬煮主食：将红薯洗干净去皮，切成小块；将红枣去核，切成小片。砂锅里加入足量清水，水煮开后将红薯块倒入，盖上盖子煮5分钟。倒入去核的红枣，再倒入小米。熬煮15分钟后关火，加入枸杞。

知识链接

1. 红薯一般要选择外表干净、光滑、形状好、坚硬和发亮的，发芽、表面凹凸不平的红薯不要买，那表示已经不新鲜了。

2. 表面有伤的红薯不要买，因为易腐烂；红薯表面有小黑洞的，说明红薯内部已经腐烂。

3. 红薯一般是越放越甜，所以买回来后最好放些日子，这样等到红薯里的糖分得到充分积累，煮熟后会格外甜。

4. 可以用报纸将红薯包裹并放在阴凉处，这样可以保存3~4个星期。

✏ 边学边做——牛奶水果燕麦粥

1. 燕麦片用适量热开水冲泡。
2. 将香蕉去皮、切片，将苹果切丁，将草莓切片（根据各人需要选择水果）。
3. 将鲜奶加入燕麦片中拌匀，加入香蕉、苹果、草莓，再撒上葡萄干、坚果等就可以食用了。

第二课
合理搭配服饰

爱美是人的天性，气质不光源于本身的修养，服饰（装饰人体的物品总称，包括服装、鞋、帽、袜子、手套、围巾、领带配饰、包、伞等）搭配也是不可缺少的元素之一，一个人的服饰打扮能够在一定程度上体现其品位、涵养和价值观。

知识链接 怎么着装才是真的美

（1）全面了解自己，恰到好处地展现自己最美丽的一面。爱美是人类天性，爱美之心人皆有之。如果不能充分了解自己，不知道什么样的东西适合自己，那么便应充分了解自己的心里特质及五官、脸型、体形等外在特点以后，再结合自己的气质、肤色、体形来选择服装的款式、色彩、材料、图案以及与之相配的鞋帽、发型和饰品等。

（2）着装要结合实际，以满足担当不同社会角色的需要。着装打扮要优先考虑时间、地点和目的三大要素，并努力让穿着、打扮各方面与时间、地点、目的保持协调一致。穿着打扮要自然得体、协调大方。着装不但要与自己的具体条件相适应，还必须时刻注意客观环境、场合对人的着装要求，以满足不同社会角色的需要。

（3）着装在一定程度上反映了个人文化素质之高低、审美情趣之雅俗。仪表仪容是学生个人精神风貌的体现，对学生行为习惯、生活习惯的养成和审美情趣的培养有着十分重要的作用，也对学校的校风、学风产生深刻影响。学生的仪容仪表应符合学生的身份和特点，在美的追求上要讲科学，不追求成人化，不赶时髦、不图虚荣和不加分析地盲目模仿。

一、根据季节搭配服饰

春秋季节的大部分时间里，气温冷热相宜，着装的自由度比较大。但是在初春和深秋时节天气变化多端，温差较大。"春捂秋冻"这句民谚为我们提供了春秋穿衣的要领。初春季节，气温变化无常，如果过早地脱去冬衣，一旦出现寒流，气温骤然下降，那么便极易导致人体疾病的产生。在秋末时节，不应过早地穿上厚衣服，否则会抑制人体体温调节机能的适应性。

夏季气温高、湿度大，给人以闷热的感觉，因此适宜的服装应当是宽松、透气、吸湿性好的衣服。可选择棉织品或亚麻等面料制作的衬衣和长裤。另外，服装的颜色以白色或其他浅色调为宜，因为浅色调衣服能够有效反射太阳辐射，减少热量的吸收。

冬季，应注重衣料的保温性能和层次叠加。

二、根据场合搭配服饰

服饰搭配是一门学问，服饰传达的情感与意蕴不是用语言所能替代的。

作为学生，服饰要符合学生的年龄、身份，做到合体、适时、整洁、大方，仪表端庄，不宜标新立异。在校佩戴胸卡，不佩戴耳环、项链、戒指、手镯、手链等饰物，不穿拖鞋和背心进教室。

> **知识链接** TPO 原则
>
> TPO 是英文 time、place、object 三个词首字母的缩写。T 代表时间、季节、时令、时代；P 代表地点、场合；O 代表目的、对象、身份。

三、根据色彩搭配服饰

如果说会穿衣是一种技巧，那么会色彩搭配则是一门艺术。色彩的感官效果能够带给人喜、怒、哀、乐等情感体验。不同的场合，服饰色彩也有一定的讲究。

> **边学边做**
>
> 查阅资料，了解不同颜色的服饰分别有什么意蕴。
> 1. 红色（别名赤色）代表着吉祥、喜庆、热烈、奔放、激情、斗志等。
> 2. 橙色代表着富足、快乐和幸福，能给人以庄严、尊贵、神秘等感觉。
> 3. 黄色代表着_____
> 4. 绿色代表着_____
> 5. 青色代表着_____
> 6. 蓝色代表着_____
> 7. 紫色代表着_____

> **知识链接** 服饰色彩搭配建议
>
> 1. 服装的色调以温和为佳，极深色与特浅色对日常着装而言都不是最佳选择。
> 2. 衣服颜色的搭配，一般最多选三种，如果是两种对比强烈的颜色搭配时，最好以其中一色为基础，一色为配色，两种颜色之间有一种中性色过渡。
> 3. 上装和下装的搭配，要注重上"淡"下"深"，否则容易给人头重脚轻之感。

拓展与思考

"内外兼修"常指人的修养从内外两个层面所进行的全面提升。"内"指内在道德修养、文化内涵,"外"指人表现出的行为举止、言语表情。服饰可以修饰穿着者的相貌、身材,搭配得当的服饰会给形象加分,但是一个人纵然有出众的姿色、时髦的衣着,如果没有相应的行为举止,照样会遭人鄙夷和唾弃。

我们怎样才能做到修内而齐外?

第三课
做好清洁与美化

一、室内的清洁与美化

校园的室内空间一般指教室、寝室、实验室、图书馆、会议室、资料室、档案室、机房、仓库、接待室等，需要清洁美化的地方主要有天花板、墙面、床铺、黑板、门窗、玻璃、桌椅、柜子、讲台、地面等。

室内清洁五步法：

1. 检查

进入室内，先查看是否有异常现象，如有无损坏的物品等。如发现异常，应先向有关部门报告后再清洁与美化。

2. 除尘

除尘要按照先里后外、先上后下、先窗后门、先桌面后地面的顺序，先清扫天花板、墙面上的灰尘和蜘蛛网，再清除窗户、门面的灰尘，实验器材、桌椅等物品挪动后要复原。

从门口开始，由左至右或由右至左，依次擦拭室内桌椅、柜子、讲台和墙壁等。抹布应拧干，擦拭每一件物品时，应由高到低、先里后外。

擦墙壁时，重点擦拭门窗、窗台等。操作时，先将湿润的吸水毛巾（干净的）装在伸缩杆顶部，沿顶部平行湿润玻璃，然后湿润其他部分的玻璃。再用干净的抹布擦干净窗框及窗台,最后用干燥的、无毛的棉布擦干净玻璃四周和中间的水珠。大幅墙面、天花板等需定期清洁(如每周清洁一次)。

3. 整理

讲台、桌面、实验台上的主要物品,如粉笔盒、粉笔擦、实验器具等擦净后,按照原位摆放整齐。

4. 清倒与更换

收集垃圾,清倒室内的纸篓、垃圾桶,更换垃圾袋。

5. 关闭

清扫结束后,相关人员退至门口,环视室内,确认清扫质量,然后关窗、关电、锁门。

> **知识链接** 　　　　　　**室内清洁质量标准**
>
> 室内整洁干净无灰尘,纸篓垃圾桶肚子空空。
> 桌面无乱涂乱画痕迹,桌椅设备摆放很整齐。
> 墙面无张贴张挂乱象,地面没有污迹和垃圾。
> 窗户明亮空气更清新,心情舒畅学习有效率。

在美化室内时,应充分考虑教室、寝室等充当的角色。如教室的美化应以宽敞、简洁、有朝气为主,寝室的美化应以温馨、舒适为主。下面以寝室为例介绍室内美化主要考虑的因素。

寝室的美化主要考虑的因素:

第一,简单、大方。寝室的空间有限,所以在美化寝室时,不必放置太多东西。

第二,温馨、舒适。寝室是放松、休憩的地方,在美化时,可考虑烘托一种温馨、舒适的气氛,让寝室充满家的温暖气息。

第三,突出文化气息。寝室除充当休息的场所外,有时还充当学习的场所,所以在布置寝室时,应充分考虑其色彩、风格,营造一种安静、舒适的学习环境。

劳动技巧

寝室美化小技巧

1. 衣柜篇：学校宿舍里的衣柜一般为直通式，没有隔断，在放置衣物时往往会浪费较大的空间。基于此情况，可以在衣柜中多使用一些隔板把衣柜分成若干区域，此外还可以安装收纳挂筐，这样不仅能将收纳的物品分类，还能增加衣柜的实际可用容积。

2. 桌面篇：在进行桌面美化时，一方面要考虑将不常用的物品收纳起来，另一方面还要考虑让面积有限的桌面发挥更大的使用价值。具体可参考以下两种方法：一是可将网格板放置在靠墙的桌面边上，不仅能将一些小东西归纳、整理好，同时也能起到很好的装饰作用；二是可放置桌下挂篮，桌下挂篮的空间较大，能放置很多的东西。

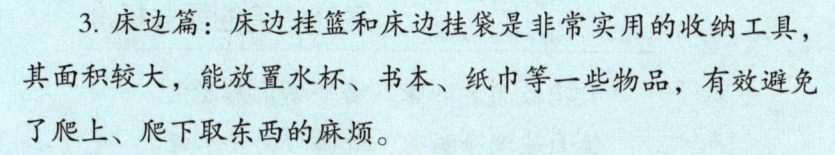

3. 床边篇：床边挂篮和床边挂袋是非常实用的收纳工具，其面积较大，能放置水杯、书本、纸巾等一些物品，有效避免了爬上、爬下取东西的麻烦。

在美化室内时，应尽可能多采用一些创意要点，如通过一些装修、设计风格彰显不同的文化，通过"变废为宝"，把牛奶瓶、废纸张等垃圾转变为笔筒等手工艺术品。

二、室外的清洁与美化

室外主要包括公共卫生间、校园道路、操场等场所。

公共卫生间、校园道路、操场等场所需要清洁的地方主要有天花板、墙面、窗户、门面、镜面、蹲位、地面、拖把池、洗手盆（台）、人行道、机动车道等。

1. **天花板清理**

用长柄扫把清扫天花板、墙面、墙角等处的蜘蛛网和灰尘。

2. **门窗、墙面清理**

用湿抹布配合便池刷清洁玻璃、镜面和墙面上的污迹。

3. **蹲便池、小便池清理**

先用夹子夹出便池里的烟头、纸屑等杂物，然后冲水，接着倒入洁厕剂泡一会儿，再用刷子刷洗。蹲便池、小便池的内外面均应冲洗，并检查冲水是否正常，有无堵塞等情况。

4. **洗手盆（台）清理**

用清洁剂和百洁布擦洗洗手盆。从左至右擦干净台面，用毛巾从上至下擦拭镜子，水龙头也要清洗干净。

> **知识链接** 室外清洁的质量标准
>
> 天花板面无蜘蛛，墙壁墙角无灰尘。
> 镜面玻璃净明亮，地面台面无水迹。
> 厕所内外无臭味，道路平整无垃圾。
> 道路灯杆无张贴，绿地平整无缺憾。

在对公共卫生间、校园道路、操场等场所进行美化时，可采用以下措施：

第一，点香薰。在公共卫生间点香薰，不仅可以祛除异味，还可以在夏天消灭蚊子。需要注意的是，香薰的有效期为六七天，故每隔一周可更换一次。

第二，放绿植。在公共卫生间门口、校园道路两旁放置绿植，可极大地净化空气、美化环境。

第三，排设施。操场内的运动场所，如乒乓球台、篮球场，以及其他运动设施，在进行布置时，一定要做到井然有序。

第四，种花草。在校园空旷地区，可一定程度地多种花草树木，但在栽种时，一定要选择无刺激性气味、少毛无刺，形象美、色彩美，或具有特定的历史、文化内涵的品种。

🔧 劳动技巧

常用清洁工具的使用方法

常用的清洁工具主要有大小扫把、面板套布平拖把等。

1. 大扫把、小扫把

握法。用一只手的大拇指按在扫把的把端上（既可用力，又可控制方向），并用其他手指把把握住，另一只手则在把端下方30～40厘米处握住。

姿势：上身向前微探，但不可太弯曲，取不易疲劳的自然姿势。

清扫方式：

①室内地面多用按扫方式，扫帚不离地面，挥动扫把时，稍用臂力向下弯压，这样既可把灰尘、垃圾扫净，又可防灰尘扬起。地面灰尘多时，每扫一次，就应清理粘在扫帚上的灰尘、泥土。

②为了不踩踏垃圾，应不断向前方扫，从狭窄处向宽广处扫，从边角处向中央清扫，清扫室内时，原则上由里向门口扫。

③清扫楼梯时，清扫人员应站在下一阶，从左右两端往中央集中，然后再往下扫，防止垃圾、灰尘从楼梯旁掉下去。

④随时集中垃圾、灰尘，将其扫入簸箕。

⑤清扫时应顺风扫。

2. 面板套布平拖把

正确组合面板套布平拖把。将旋转拖把的面板平整地放在地上，然后将拖把盘和拖把头对准，垂直状态按下去，再稳稳用脚轻轻踩下拖把盘，当听到咔嚓一声响的时候，即完成组装。

正确使用滑套保护。在脱水的时候，单手轻握滑套以固定握把，可以有效地保护双手，起到防滑、防磨的作用。同时在使用时，将滑套移至把手顶端，可以避免上下滚动。

正确调整角度。握把的角度可自行调整至45度、90度、180度等，按照卡槽方

向上下轻轻调整即可，清洗布条时，保持握把直上、直下移动，可均匀洗净拖把头。在脱水时，要将拖把头水平放置，把手需直立向下投入，之后轻握把手即可，注意把手勿倾斜。

正确进行干洗控制。单脚上下轻踩踏板即可迅速脱水，若对拖把的干燥程度有不同需求，则可通过设置脱水时间长短的方式控制布条的干湿度。

第四单元 积极参加志愿服务活动

志愿精神是雷锋精神的继承与发展。每年的3月5日,是志愿者服务日,也是学雷锋纪念日。利他奉献,一直是社会公德和核心价值观的体现。在这样的主流价值坐标中,自我与他人、个体与社会相互依存、共同发展。在东京奥运会闭幕式上,国际奥委会主席巴赫特意向志愿者表示感谢:"你们的微笑温暖了我们的心。"据悉,至少有近400名中国志愿者参与了东京奥运会的服务。

请写下你的感言:

_____
_____
_____
_____

第一课
志愿服务活动概述

志愿服务活动是指按个人自主意识支配活动，奉献自己的时间和精力让别人从中得益的行为，同时并不排斥志愿者从这一活动中受益。它是现代社会文明进步的重要标志，是培育和践行社会主义核心价值观的重要内容。

一、志愿服务活动的类型

常见志愿服务活动主要为免费、无偿、普惠、公益性的服务活动，可分为以下几种：

助残助弱、扶贫开发、环境保护、应急救助、社区建设、大型赛会、海外服务等。

助残助弱。助残助弱是指帮助残疾人、老人、小孩、孕妇等特殊群体。

扶贫开发。扶贫开发是指在国家和社会的支持下，利用贫困地区的自然资源，进行开发性生产建设。

环境保护。环境保护是指在个人、组织或政府层面，为大自然和人类福祉而保护自然环境的行为。

应急救助。应急救助是指应对突发事件，如地震、疫情、洪水、车祸等进行的紧急救助。

社区建设。社区建设是指在党和政府的领导下，依靠社会力量，利用社会资源，强化社区功能，完善社区服务，解决社区问题，促进社区政治、经济、文化、环境协调和健康发展，不断提高社区成员的生活水平和生活质量的过程。

大型赛会。大型赛会是指如奥运会、世界杯、世界乒乓球锦标赛等规模盛大的赛会。

北京奥运会的志愿者

海外服务。海外服务是指志愿者到国外开展为期半年至两年（一般为一年）的汉语教学、体育教学、医疗卫生、信息技术、农业技术、土木工程、工业技术、经济管理、综合培训、社会发展等领域的志愿服务工作。

知识链接　　　　　　　　　　　　　　　　志愿服务活动的法律依据

《中国注册志愿者管理办法》规定：

第一条　为规范志愿者注册工作，加强注册志愿者管理，特制定本办法。

第二条　志愿者（英文名称为Volunteer）是指不以物质报酬为目的，利用自己的时间、技能等资源，自愿为国家、社会和他人提供服务的人。

第三条　注册志愿者（China Registered Volunteer）是指按照本办法规定的程序，在共青团组织及其授权的志愿者组织注册登记、参加服务活动的志愿者。

第四条　志愿精神：奉献、友爱、互助、进步。

第五条　志愿者标识。

注册志愿者标识（通称"心手标"）的整体构图为心的造型，是英文"Volunteer"的第一个字母"V"，红色，图案中央是手的造型，也是鸽子的造型，白色。标志寓意为中国志愿者向社会上所有需要帮助的人们奉献一片爱心，伸出友爱之手，表达"爱心献社会，真情暖人心"和"团结互助、共创和谐"的主题。

第六条 每年3月5日是中国青年志愿者服务日，12月5日是国际志愿者日。

第七条 基本条件

（一）年满十八周岁或十六至十八周岁以自己劳动收入为主要生活来源者；十四至十八周岁者，须经其法定代理人同意；未满十八周岁的在校学生申请注册的，按所在学校有关规定办理。

（二）具备参加志愿服务相应的基本能力和身体素质。

（三）遵守国家法律法规和注册机构的相关规定。

中国青年志愿者

志愿者誓词：

我愿意成为一名光荣的志愿者。我承诺：尽己所能，不计报酬，帮助他人，服务社会。实行志愿精神，传播先进文化，为建设团结互助、平等友爱、共同前进的美好社会贡献力量。

请抄写：_____
_____
_____
_____

二、参加志愿服务活动的意义

志愿服务已成为社会文明的标志、社会活力的体现，是增强社会责任感的有效载体。

（一）可以提升自我价值

由学生组成的青年志愿者与外界接触较少，志愿活动能帮助学生进一步了解社会并适应社会发展。此外，在活动中也会接触到不同的人和事，这些人和事给志愿者工作带来了挑战，因此能提高学生志愿者的适应能力、应变能力和心理素质等。

（二）可以实现社会价值

学生志愿者在重大自然灾害或重大活动中提供了高水平、高标准的志愿服务，大大增强了我国在国际志愿服务界的影响力。不仅如此，学生志愿者们可以开展宣传环保知识、清扫垃圾、植树造林等活动，发挥良好的模范带头作用，调动群众保护环境的积极性。

知识链接

志愿服务精神

联合国前秘书长科菲·安南在"2001国际志愿者年"启动仪式上的讲话中指出，志愿精神的核心是服务、团结的理想和共同使这个世界变得更加美好的信念，从这个意义上说，志愿精神是联合国精神的最终体现。这句话道出了志愿精神的本质，表达了人们对志愿服务的由衷赞美。

志愿服务精神概括起来是：奉献、友爱、互助、进步。

奉献：奉献原指恭敬地交付、呈献，即不求回报地付出。奉献精神是高尚的，是志愿服务精神的精髓。志愿者在不计报酬、不求名利、不要特权的情况下参与推动人类发展、促进社会进步的活动，这些都体现着高尚的奉献精神。

友爱：志愿服务精神提倡志愿者欣赏他人、与人为善、有爱无碍、平等尊重，这便是友爱精神。志愿者之爱跨越了国界、职业和贫富差距，是没有文化差异、没有民族之分、没有收入高低的平等之爱，它让社会充满阳光般的温暖。如无国界医生，他们不分种族、政治及宗教信仰，为受天灾、人祸及战火影响的受害者提供人道援助，他们奉献的是超国界之爱。

互助：志愿服务包含着深刻的互助精神，它提倡"互相帮助、助人自助"。志愿者凭借自己的双手、头脑、知识、爱心开展各种志愿服务活动，帮助那些处于困难和危机中的人们。志愿服务者以互助精神唤醒了许多人内心的仁爱和慈善，使他们付出所余，持之以恒地真心奉献。"助人自助"帮助人们走出困境，自强自立，重返生活舞台。受助者获得生活的能力后，也会投入到关心他人、帮助他人、为社会做贡献的志愿活动中，这些志愿活动都涵盖着深刻的互助精神。

进步：进步精神是志愿服务精神的重要组成部分，志愿者通过参与志愿服务，使自己的能力得到提高，同时促进了社会的进步。在志愿活动中无处不体现着进步的精神，正是这一精神使人们甘心付出，追求社会和谐之境的实现。

三、不断提高志愿服务的能力

作为一个志愿者，仅有热情显然是不够的，还需掌握一定的志愿服务能力。

（一）志愿服务能力的内涵

志愿服务类型不同，志愿者服务能力也不同，总的来说，一般包括熟练使用相关工具的能力、处理突发事件的能力以及其他专业能力。

1. 熟练使用相关工具的能力

这里的相关工具指的是如在帮助残障人士时，要学会使用轮椅、拐杖、助行器、手杖、助听器等。下面举例阐述轮椅使用方法：

轮椅的展开和折叠：展开时，双手握住把套向两侧轻拉，使左右车架稍许分开，在坐垫两侧用手心向下轻压至定位处，轮椅车即自行展开平放；折叠时，将左右脚踏板翻起，用两手抓住坐垫两端向上提起。

轮椅的操作：上车时，将展开的车平放在地上，扳动驻立刹车，把脚踏板收起，待坐到坐垫上再展开脚踏板、系好安全带；下车时，刹住驻立刹车，翻起脚踏板，待双脚踩稳地面后再松开安全带。

2. 处理突发事件的能力

在志愿服务中，难免会出现一些突发状况，如遇到中暑者、遇到休克者、突然停电、电梯遇险、遇到火灾、地铁遇险等。不论遇到哪种意外，作为志愿者，都应努力做到临危不乱、泰然处之。

第一，遇到中暑者。立即将患者转至阴凉通风处，平躺，松解衣扣。患者可饮用清凉降温饮料，如茶水、绿豆汤、冷盐开水等。症状严重者，切忌狂饮，采用少量多饮的方法，每次以不超过300毫升为宜。尽快进行物理降温，用凉水加少量酒精擦洗全身，头部可放置冰袋或湿毛巾，也可用电风扇向其吹风以加速散热。经过上述处理，如症状仍无改善时，须立即请医生或送医院治疗，以免延误病情。

第二，遇到休克者。休克者应保持平卧位，下肢应略抬高，以利于静脉血回流。如休克者呼吸困难，可将其头部和躯干抬高一点，以利于呼吸。应使其保持呼吸道通畅，尤其是休克伴昏迷者。方法是将病人颈部垫高，下颌抬起，使头部最大限度地后仰，同时头偏向一侧，以防呕吐物和分泌物误吸入呼吸道。应注意给体温过低的休克病人保暖，盖上被、毯；但伴发高烧的感染性休克病人应给予降温。

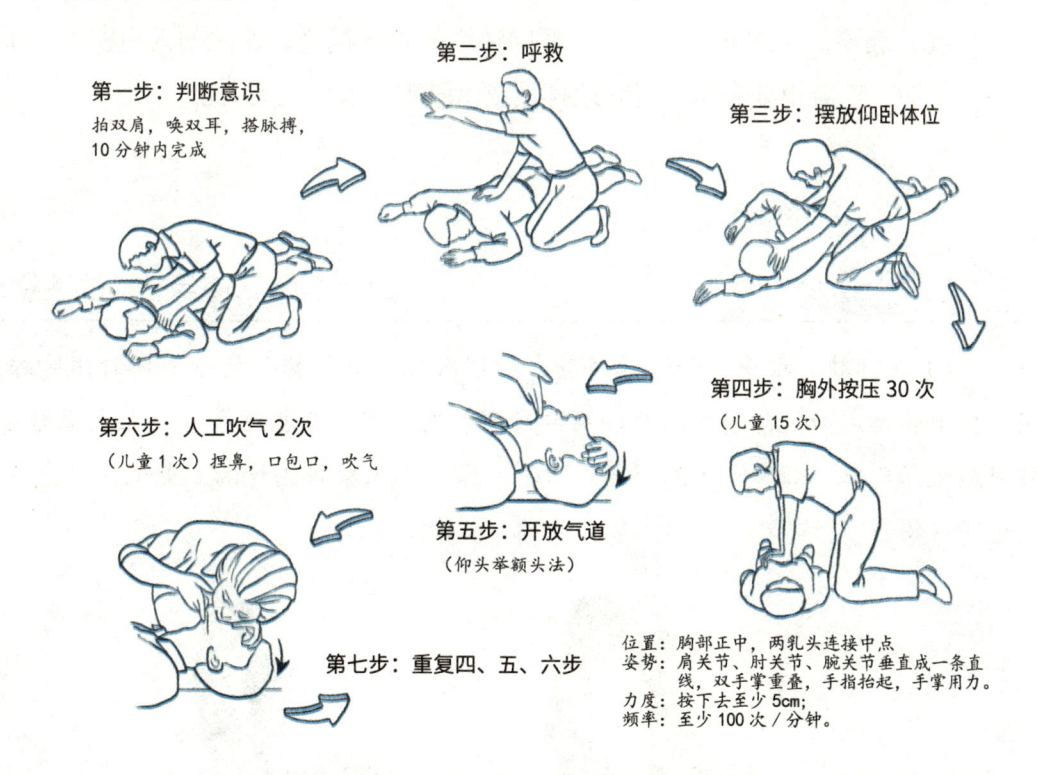

第一步：判断意识
拍双肩，唤双耳，搭脉搏，10分钟内完成

第二步：呼救

第三步：摆放仰卧体位

第四步：胸外按压30次
（儿童15次）

第五步：开放气道
（仰头举颌头法）

第六步：人工吹气2次
（儿童1次）捏鼻，口包口，吹气

第七步：重复四、五、六步

位置：胸部正中，两乳头连接中点
姿势：肩关节、肘关节、腕关节垂直成一条直线，双手掌重叠，手指抬起，手掌用力。
力度：按下去至少5cm；
频率：至少100次/分钟。

第三，遇到火灾。预先熟悉逃生路线，掌握逃生方法（应尽量熟悉所在建筑物结构、逃生路径和消防设施的位置）。保持清醒头脑，扑灭初期火灾（用灭火器、自来水等在第一时间去扑救，同时呼喊周围人员参与灭火和报警，并进行分工，防止、减缓火势蔓延）。针对不同火情，寻求逃生良策（开门逃生前应先触摸门锁，若门锁温度很高，切不可打开房门。应关闭房内所有门窗，用毛巾、被子等堵塞门缝，并泼水降温。同时利用手机等通信工具向外报警。若门锁温度正常或没有浓烟进来，可开门观察外面通道的情况。

穿过浓烟逃生时，要尽量使身体贴近地面，并用湿毛巾捂住口鼻。

身上着火，千万不要奔跑，可就地打滚或用厚重的衣物压灭火苗。

遇火灾不可乘坐电梯，要向安全出口方向逃生。

开门时应用脚抵住门下框，防止热气浪将门冲开。在确定火势不对自己构成威胁的情况下，应尽快逃出火场。遇有浓烟应用湿毛巾捂鼻，弯腰低头迅速撤离（通过浓烟区时，尽量避免大声呼喊，并用湿衣物或毛巾捂住口腔和鼻孔，低姿行走或匍匐爬行。不要向狭窄的角落退避，逃生勿入电梯）。身上着火时，千万不要奔跑，可就地打滚或用厚重的衣物压灭火苗。

知识链接　　　　　　　　　　　　　　　使用轮椅的注意事项

（1）在行驶过程中，如遇障碍物，护理人员需双手握住把手套同时用脚踩脚踏板，使前轮抬起越过障碍物，后轮碰到障碍物时，双手紧握把手套，向上提起后轮，即可越过障碍物。如遇大的障碍物或台阶，需要两人紧握轮椅两侧大架，将轮椅平抬越过障碍物。

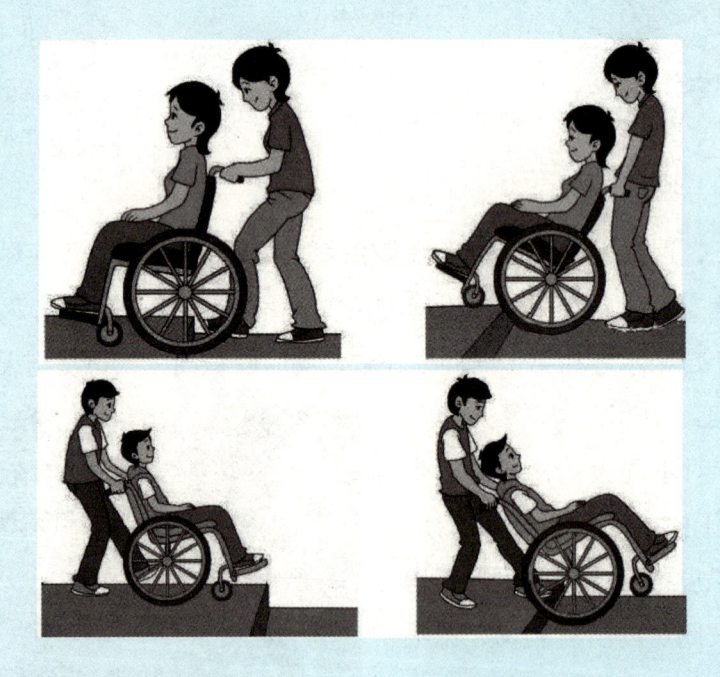

（2）下坡时须倒行，用双手握住手推圈，以控制下坡速度。坡度过陡时需要有护理人员控制，护理人员应该倒行缓慢下坡，上坡即为正常推行。

3. 其他专业能力

在志愿服务中，所需能力是根据服务项目确定的。如参加海外服务，需要很强的教学能力；如参加应急求助，需要具有相应的急救知识；如参加社区建设，需要对整个社区有全面、客观的认识，具备较强的规划能力。志愿服务类别很多，这就要求我们在日常生活中不断学习，不断丰富自己，争取在社会需要我们时，我们能够自信地挺身而出，帮助到更多的人，为社会主义的建设贡献出自己的一份力量。

第二课
做垃圾分类的环保志愿者

地球是我们赖以生存的家园，她为我们提供了美丽的环境。但是随着社会经济的迅速发展和城市人口的高度集中，生活垃圾的产量正在逐步增加，我们美丽的家园正在被垃圾所包围。中国正处于经济高速发展期，城市化进程的加速使得人口大量向城镇集中，其所产生的大量生活垃圾已造成了严重的环境污染问题。面对日益增长的垃圾产量和环境状况恶化的局面，如何通过垃圾分类管理来最大限度地实现垃圾资源利用、减少垃圾处置量、改善生存环境质量，是值得共同关注的迫切问题。

垃圾分类会使最终进入卫生填埋场的垃圾量大大减少，从而延长填埋场的使用寿命，缩小占地面积，降低处理成本。

一、垃圾的危害

（一）污染空气

长期露天堆放的垃圾非常容易腐烂、变质、发霉，还会慢慢释放出大量的氨、硫化物等有害气体，并散发出令人作呕的恶臭。大风一吹，其中的粉末和细小的颗粒物便随之飘扬，从而严重污染空气，破坏我们的生活环境。酸雨就是空气被污染的典型后果之一。

(二)污染水体

垃圾在堆放和填埋的过程中,会产生多种有害物质,如病原微生物,在堆放和腐烂过程中又会产生酸性和碱性有机污染物,并将重金属溶解出来,形成三者合一的污染物。垃圾渗滤液作为垃圾中长期厌氧发酵产生的废液,毒性大、污染性强。如果垃圾被直接扔进湖泊、河流或海洋,将会对水体环境产生更加严重的污染。

(三)污染土壤、侵占土地

废电池、废灯管、废油漆等有毒有害垃圾,如果未经处理就堆放在地上,会慢慢产生有害物质,对周围的土壤造成污染,使土地的保水性和保肥力大大降低。而土壤一旦被污染,就很难恢复。

(四)危害生命安全

垃圾堆是个藏污纳垢的地方,垃圾本身也是老鼠、蟑螂和蚊蝇等动物的食物,它们还会在垃圾堆里生活、繁殖。而这些携带细菌、病毒的有害动物四处流窜,会对人的生命安全造成危害,有可能导致肠胃产生寄生虫,引发黄热病等疾病。

水中的生物很有可能误食垃圾,轻则损害机体健康,重则危及生命。人如果食用了被垃圾污染的水产品,也会间接受到毒害。

> **边学边做**
>
> 以班级为单位,6~10人为一组,宣传垃圾分类知识,自拟宣传标语并记录活动感受。

知识链接

垃圾分类是为了将废弃物分流处理，利用现有的生产制造能力，回收利用回收品，包括物质利用和能量利用，填埋处置暂时无法利用的无用垃圾。我国一般将垃圾分为可回收物、有害垃圾、厨余垃圾和其他垃圾四类。

1. 可回收物

可回收物是指适宜回收循环使用和资源利用的废弃物。可回收物主要品种包括废纸、废塑料、废金属、废包装物、废旧纺织物、废弃电器电子产品、废玻璃、废纸、塑铝复合包装等。

2. 有害垃圾

有害垃圾是指对人体健康和自然环境造成直接或潜在危害的生活废弃物。居民生活垃圾中的有害垃圾包括电池类、含汞类、废药品类、废油漆类、废农药类。

3. 厨余垃圾

厨余垃圾是指居民在日常生活及食品加工、饮食服务、单位供餐等活动中产生的易腐的、含有机质的生活垃圾，包括丢弃不用的菜叶、剩菜、剩饭、果皮、蛋壳、茶渣、骨头等，其主要来源为家庭厨房、餐厅、饭店、食堂、市场及其他食品加工业。

4. 其他垃圾

其他垃圾是指危害较小，但也无再利用价值的垃圾，是除可回收物、厨余垃圾、有害垃圾之外的垃圾。

可回收物 Recyclable	→	回收再利用	→	节约资源	→	……
有害垃圾 Hazardous Waste	→	剔除重金属	→	降低污染	→	……
厨余垃圾 Food Waste	→	有机物腐烂	→	提高土壤肥力	→	……

二、日常垃圾处理流程

（一）区分材质，分类整理

日常生活中产生的垃圾往往是由很多种不同材质组成的，比如饮料瓶是由塑料瓶身和混合塑料的标签组成的，收到的快递箱是由纸质箱体和混合塑料胶带以及混合纸质标签组成的。扔这些垃圾时，需要将其进行拆分后分类。

（二）扔垃圾时要密封好垃圾袋

在进行垃圾分类后，需把垃圾袋密封好再投放。这样做是为了防止垃圾被弃后散落出来，从而与其他种类的垃圾混合在一起。此外，厨余垃圾很可能带有液体，如果垃圾袋没有密封好，废液便很容易流出来，破坏垃圾车或垃圾收集区的整洁，甚至散发臭味、滋生蚊虫。即使垃圾袋已经密封好，在投放时也要小心轻放，避免垃圾袋在这个过程中破裂。

（三）投放完垃圾后，应盖好垃圾桶盖

分类投放垃圾后，需随手盖好垃圾桶盖，以免有垃圾从桶中散落出来。密闭的垃圾桶还能有效防止蚊虫滋生、臭味弥漫，保持环境的美观。

知识链接

餐饮外卖包装

餐饮外卖，一个改变国人生活方式的时代产物，让很多人"上瘾"。无论你想吃什么，只要打开手机下单，打包精良的餐食就会送到你手中。

然而，外卖包装带来的一次性垃圾却在潜移默化中影响着环境。

以每天2000万单外卖、每单用1个塑料袋、每个塑料袋0.06平方米计算，所用的塑料袋能铺满168个足球场。这些塑料袋主要由聚乙烯制成，很难进行生物降解，如果不进行回收处理，势必会污染土壤和水，甚至成为蚊蝇、病菌的繁殖场所。

截至2020年6月，我国互联网外卖用户数量已达4.09亿。可以想象，随之带来的还有外卖包装的浪费和污染。作为消费者，我们应该主动减少点外卖的次数，以及选择不使用一次性餐具，同时，做好垃圾分类，提高餐盒的回收利用率，减少污染。

①液体没喝完要先倒入下水道
②珍珠等固形物要倒入厨余垃圾

剩菜剩饭要倒入厨余垃圾

吸管
杯盖
杯身
杯套
奶茶
珍珠

外卖袋
外卖盒
标签纸
餐勺
餐筷
餐巾纸

①根据材质一般分为塑料、普通纸和覆膜纸
②洗净塑料晾干后投放至可回收物
③普通纸投放至可回收物
④覆膜纸投放至其他垃圾

①根据材质一般分为塑料、普通纸、覆膜纸和木材
②洗净塑料晾干后投放至可回收物
③普通纸投放至可回收物
④覆膜纸投放至其他垃圾
⑤用过的木筷子投放至其他垃圾

知识链接

减少消费的一些措施：

①减少冲动消费。

②做饭时一次不要做得太多，吃剩的食物要妥善处置，不要随便倒进垃圾桶，倡导光盘行动。

③购买商品时，选购绿色包装的商品，不买过度包装的商品。减少使用那些会塞满垃圾箱的包装袋，而选择购买散装产品和包装少的产品。

节约使用的一些措施：

①纸张要双面打印，或利用旧纸张空白的背面，自制笔记本或草稿纸。

②旧信封可用来装文件、票据等。

③不用贺年卡，拒收随处散发的、无用的宣传品、小广告。

④随手关水龙头，洗菜的生活用水可以浇花、冲马桶。

⑤随手关灯，不用的电源线需从插头取下。

边学边做

用双手让垃圾变身成新物品继续使用，体会变废为宝的乐趣。

①废旧报纸用来练习毛笔字；废旧纸箱可用来制作收纳盒，收纳一些小物件，保持家居的干净整洁；保鲜膜用完后的纸轴可以拿来当擀面杖，要擀面时，在纸轴外面包一层保鲜膜即可，使用完后可将保鲜膜撕掉。

②购物塑料袋可用来做垃圾袋；旧牙刷可以用来打扫厨房或厕所等；可以将喝完洗净的牛奶空盒裁开来，放在抽屉里当隔板使用，尤其是可将大包装的牛奶空盒横着裁开，用来放筷子、笔等长形物。

③易拉罐可用来做笔筒；汽水瓶和啤酒瓶盖可用来削除姜皮或者刮鱼鳞；空奶粉罐可用来做小椅子，罐中可放一些小杂物。

④可将用过的玻璃罐头瓶、酱菜瓶刷洗干净，晾干后用来装各种豆子或者调味品。

⑤可将旧毛衣拆开后重新织成新毛衣，旧衣可改造成包袋、枕头、坐垫，还可用作装饰布料包装家具，甚至用作抹布。

边学边做——塑料瓶的妙用

1. 园艺妙用

塑料瓶是很好的容器,并且不易摔坏,不易腐烂,可以用来制作花瓶,如果觉得不好看,可以在上面涂上喜欢的颜色,画上装饰。另外,在废矿泉水瓶的瓶肚上挖个孔,填入土壤,可以种盆栽。

2. 自制饮水盆栽

将塑料瓶剪成两半,在瓶底加水,瓶口不完全拧紧,土干后能自动"饮"水。

3. 密封器

可将塑料瓶的瓶盖和瓶口的那截剪下来,然后将家里储存食物的软装袋子穿过瓶口,用盖子盖起来,这样即可作为很好的食品封口器。

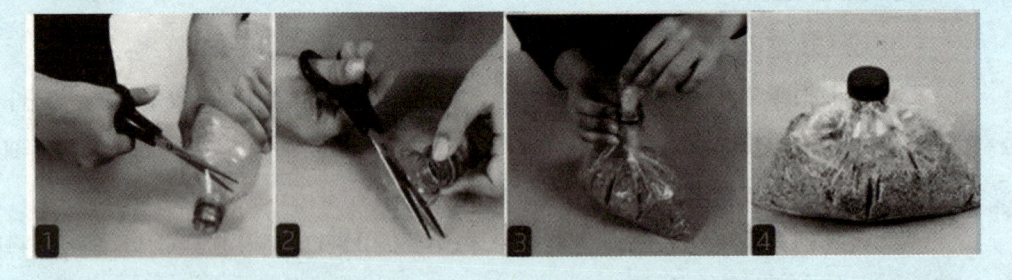

只要有心,曾经碍眼的垃圾,都可以成为你生活的小帮手。你还想到哪些妙用?

第五单元 就业与创业

有行动才能有结果。再好的梦想，不去行动，就只能是一种空想；再难的事情，只有付诸行动，才可能逐渐实现。在做好求职准备后，让我们按照正确的步骤，将美好的求职想法变为正确的求职行动。

请写下你的感言：

_____
_____
_____
_____
_____
_____
_____

第一课
求职准备

一个人要想立身社会，就必须有一份适合自己的职业。求职之前，需要我们准确把握信息，客观认识自我，从各方面做好求职前的准备。

拓展与思考

小张在某名校旅游管理专业毕业后，希望凭借名校毕业生身份寻求一份在知名公司工作的职业。他向若干公司投递了大量的求职信和简历，以至于连自己都不知道向多少家公司投递了资料。

有一天，他接到一家公司的面试通知，他满怀信心地按时前往。面试开始了，招聘人员问他应聘职位的职责和要求是什么，小张竟然不记得自己到底应聘的是什么岗位，更回答不出该岗位的职责和要求。即使在招聘人员提示之后，他仍然一脸茫然。小张的求职以无果而归告终。小张求职之所以无果而归，除了过高估计其名校毕业生身份的价值，还有什么原因？请同学们想一想，讨论一下。

提示："凡事预则立，不预则废。"机会总是留给有充分准备的人。求职前做好充分的心理准备、信息准备和技巧准备等，才能抓住就业机会，成就人生。

一、求职前的心理准备

面对纷繁复杂、竞争激烈的社会，我们要正确地认识社会，客观地评估自己，做好由"学校人"向"社会人"身份转换的心理准备。

求职首先面临的是角色的转换。求职以前，我们的社会角色是学生，社会就会以学生的要求来衡量和评价我们；而求职伊始，便意味着我们将从校园这个"保护塔"走出来，社会便会以职业人员的行为规范和要求去衡量和评价我们。

由"学校人"转向"社会人"，应做好承担社会责任、艰苦奋斗、承受挫折，自信自强和奉献付出的心理准备。

二、求职前的自我评估

人的个性、兴趣和能力是有差异的，这些差异决定了不同人的职业和职业发展方向也可能不同。全面客观地了解自己，在知己的基础上扬长避短，将有助于作出适合自己的求职决策。我们可以通过一些科学的测试，与老师、家长、同学的交流，对自己有一个客观评价。

三、求职前的职业认知

不同的职业对求职者的要求不同。求职前，我们除了正确地分析与评估自己能够做什么外，还要评估岗位是否适合自己，自己的能力和个性等是否满足职业岗位的要求。要在综合分析、评估的基础上确定自己的求职领域。

知识链接

专家谈良好的求职心态

1. 选择适当的就业目标。一个人的择业目标应和本人具备的实力相当或接近。

2. 避免理想主义。及时调整就业期望值，不刻意追求最满意的结果。

3. 避免从众心理。一切从自身的特点、能力和社会需要出发，不与别人攀比，不盲目附从。

4. 克服自卑、胆怯的心理。建立自信心，树立勇于竞争的勇气。

5. 不怕挫折，敢于竞争。遇到挫折时不消极退缩，应采取积极的态度并勇于面对挑战。

边学边做——性格与职业选择

人的性格千差万别。有的人活泼、好动、善交际，有的人深沉、内向、善思考……由于性格不同，个人对不同职业的适应程度也有所不同。因此，选择职业先要考虑自己的性格是否适合这一职业。

根据示例，将性格与职业选择连接起来。

开朗、活泼、热情、温和的性格　──→　外贸、文体、教育、服务等工作

敏感、细腻、顽强、沉静的性格　　　　管理者、领导者等工作

深沉、严谨、认真的性格　　　　　　　科研、治学等工作

勇敢、沉着、果断与坚定的性格　　　　人事、行政等工作

四、求职信息的收集与选择

求职信息把握得是否准确、全面是求职能否成功的重要因素。掌握的信息越多、越准确，成功就业的机会就越大。全面收集和分析就业信息是找到正确就业途径的前提。

信息时代，信息的传播方式呈现多样化，招聘信息通过众多渠道纷至沓来，在广泛收集就业信息的基础上，辨析信息真伪十分重要。

> **知识链接**　　　　专家谈求职信息收集的渠道
>
> 1. 通过学校就业主管部门获得就业信息。
> 2. 通过其他毕业生就业指导机构获得就业信息。
> 3. 通过社会各级人才市场获得就业信息。
> 4. 通过各种类型的人才交流会、供需见面会获得就业信息。
> 5. 通过网络等各种媒体获得就业信息。
> 6. 通过社会实践（或实习）获得就业信息。
> 7. 通过可靠的社会关系获得就业信息。

面对众多的就业信息，应根据自己的就业方向有选择性地收集。收集的内容应主要针对自己的职业定位和职业发展。对收集的信息还要认真分析，尤其是那些经过精心包装、大肆宣传的欺骗信息更需要仔细辨别，避免因急于求职而误入圈套，上当受骗。

拓展与思考

　　小王毕业后半年多都未找到工作，很是着急。一天在去市人才交流中心的路上，一位中年妇女递上招聘小广告，告知某公司正在招聘市场营销员，小王当即按广告地址赴某公司应聘。招聘人员简单地问了问小王的情况，就答应小王第二天来公司上班，但要求缴纳3600元保证金。小王次日筹足3600元就去公司上班了。公司安排小王参加市场营销员培训，参加培训的有近百名年轻人。三天的培训只有一个中年男子作一些市场营销的讲解。三天后，中年男子再没出现，公司也"蒸发"了……

　　提示：求职前要从正规渠道收集信息，切不可轻信小道消息、路边广告等，以免上当受骗。

五、求职的基本步骤

选用正确的求职步骤，可有效避免求职过程中的茫然、慌乱，进一步提高求职的成功率。

- **评估**：评估职场时势和自己的状况，借此可以初步确定大致的职业方向和就业意向。
- **探位**：在初步确定的职业目标范围内收集相关单位信息，探寻心仪的单位与岗位。
- **定位**：在探位的基础上结合自己的情况把心仪的单位划分为不同级别，如目标单位、运气单位、保底单位和淘汰单位等。
- **求位**：向那些心仪的单位表达求职意向。
- **争位**：利用各种求职技巧充分表现自己的才能和人品等，赢得招聘单位的信任。
- **对位**：通过岗位试用，评估该岗位是否符合自己的求职预期。

拓展与思考

杨东毕业后在一家招聘网站投了近千份简历，但是一个多月以来，他东奔西跑、南上北下地参加各招聘单位的面试，却一无所获，白白浪费了不少精力和财力。

提示："投简历＋面试≠正确的求职步骤≠就业"，正确的求职步骤有助于求职成功。

第二课

求职实施

求职时，要根据用人单位发布的招聘要求撰写简历和求职信，再选择正确的求职途径，同时，识别劳务诈骗也很重要。

一、撰写简历和求职信

撰写个人简历和求职信的目的是为了更好地推荐自己，从而引起用人单位的注意。好的个人简历和求职信能赢得面试的机会，从而为获得就业岗位迈出成功的第一步。

求职简历一般应写明自己的姓名、性别、年龄（或出生年月）、学习及工作经历等，并注明具有的特殊技艺，如有必要还可附上自己的职业技能证书复印件。如没有职业技能证书，可对自己的专业特长进行介绍。简历要言简意赅、明确醒目、针对性强，并能针对应聘岗位突出自己的特点。

知识链接

写简历的注意事项

1. 简。忌长篇大论，两页以内足矣。要对自己的资历和能力进行完整、充分的评价。缺乏必要信息会使招聘方对你的认识不明确，从而影响面试机会的获得。

2. 实。用事实说话，不要虚构学习经历和工作经历。

3. 显。简历的格式要便于阅读，重点突出你最想传递的信息，充分展示你的特长，给人留下良好的印象。

4. 明。求职者如果没有表明自己喜欢什么工作，也没有说明自己的爱好、兴趣及能力，以及对工作的要求等，会影响招聘方对你的判断。

5. 顺。简历排版时，要注意文字间距及其规范性。同时，要注意语法、标点符号和措辞，避免错别字和病句的出现。

求职信一般由标题、称谓、正文、结语、落款和附件六部分组成。

标题：首行正中的"求职信"三个字。

称谓：在第二行顶格写明求职单位的领导或负责人的姓名和称谓（有时也可直接称呼其职务，如"××经理"），也可在称谓前冠以"尊敬的"字样，注意在称谓后面要用冒号。

正文：求职信的正文一般由开头、主体、结尾三部分组成。

（1）开头。如果称谓写的是负责招聘的部门，如人力资源部，则可以不写寒暄的话语。先交代自己的一些基本情况，给人一个初步印象。如果是有明确单位的求职信，则可先写自己了解到的该单位的招聘信息和有意应聘的想法。

（2）主体。求职信的主体是核心内容所在。主体部分主要是针对用人单位的招聘信息或根据自己了解到的用人单位的要求具体介绍自己，包括自己的专业特长、业务技能和潜在的能力及优点等。要善于自我推销，尽量找出主观条件与客观需要一致的方面，针对用人单位所需，扬长避短，使用人单位意识到你正是他们需要的最佳人选。这部分是求职信的关键，所以要尽可能有针对性地提供有效信息。

（3）结尾。结尾部分必须再次强调自己的求职愿望，并恳请用人单位给自己机会，如热切盼望用人单位给自己面试的机会或录用通知等。

结语：一般是向用人单位表示敬意或祝愿的话。结语写在正文下面，要另起一行且空两格，先写"此致"或"祝"等字样，然后换行顶格写"敬礼"或"工作顺利"等字样。这两行后面都不用标点符号。

落款：在正文的右下方依次分段写上自己的姓名和成文日期。

附件：这是求职信不应忽视的一个重要组成部分。可把相关证明材料（如荣誉证书、等级证书等）附于信后。一份有说服力的附件能更好地证明自己的实力，很可能会在求职过程中起到决定性的作用。

二、正确选择求职途径

目前，学校毕业就业指导中心、公务员考试、现场招聘会、职业介绍机构、劳动力市场、网络招聘、猎头人才派遣公司是求职者找工作和用人单位招聘的主要途径，也是求职者与用人单位之间信息沟通的主要媒介。对刚从学校毕业的求职者来说，通过亲戚、朋友获得招聘信息也是一条有价值的求职途径。

中国公共招聘网

知识链接　　　　　　　如何考查职业介绍机构的资质

1. 是否有固定的交流场所和设施。
2. 是否有必要的开办资金。
3. 是否有相应的机构章程。
4. 是否有明确的业务范围。
5. 是否有一定数量的专职工作人员。
6. 是否符合法律、法规规定的其他条件。

在实际求职时，要特别注意考查职业介绍机构是否有工商行政机关颁发的营业执照和劳动就业主管部门颁发的职业介绍许可证，所有从业人员是否持证上岗。

✏️ 边学边练

下面是一位即将从职业学校毕业的学生给某企业的求职信,该同学应聘的职位是网络营销员。

尊敬的领导:

您好!

感谢您能在百忙之中展阅我的求职信,这是我无限的荣幸。我满怀希望和自信,接受您的挑选。

今年暑假我即将从职业学校毕业,我的专业是电子商务。在学校的三年里,我注重实际能力的培养,把专业知识与实践相结合,实验中积极动手操作,不断增强自己的动手能力。经过三年的学习锻炼,掌握了电子商务的相关理论知识,具备了较强的动手能力,较为出色地完成了各项专业课程的学习,为开展各项工作打下了坚实的基础。我还注重"一专多能",在学好专业知识的同时,充分利用课余时间自学微机课程,掌握了常用办公软件的操作技能,能使用软件设计制作网页。

我相信未来社会需要的是高素质的复合型人才,成功的学习者不仅要认识到课内知识的价值,还应认识到社会活动的价值。因而我在学习之余,还积极参加了学校组织的各项活动,如乒乓球比赛、演讲比赛等。这些活动提高了我的团队协作能力和处事能力。

我坚信命运之神只垂青有准备的人。回忆过去,感谢母校的培养;瞩目将来,唯有以真诚和汗水回报社会,让生命之烛高举奋斗之光!我将贵公司作为首选目标,是因为贵公司拥有良好的工作氛围和积极进取的拼搏精神。我相信在贵公司领导的帮助和指导下,我一定会学得更多、做得更好。

相信我的选择,相信您的眼光。

李××

2021 年 4 月 8 日

读完这封求职信,你对它的评价是:

_____

_____

_____

三、识别劳务诈骗

劳务诈骗与正规职业介绍有着非常明显的区别。劳务诈骗总是想方设法让求职者掏钱，而正规职介机构大多分文不收。常见的劳务诈骗收费名目有报名费、介绍费、存档费、服务费、入行费、服装费、暂住证费、食宿费、产品押金等。

知识链接　　常见求职陷阱

▲ 假招聘，真培训

这类陷阱比较常见的形式是一些培训机构发布虚假招聘广告，诸如"零门槛入职程序员／美编／设计助理，月薪过万"之类，待员工入职后，以"培训过关后保证高薪职位"为诱惑，让新员工参加公司的各种付费培训，所以员工入职一段时间后会发现自己非但没有高薪可拿，反而要倒贴很多培训费。

▲ 假入职，真收费

员工办理入职手续时或入职后，公司就立即通知收取各种费用，如交通费、体检费、建档费、服装费、风险押金等。如果员工拒绝支付，公司就会以不予聘用等借口威胁。一些员工在被迫缴纳了费用后，就会发现没多久自己被公司以某种理由解雇了。

工作未落实反欠下万元培训费

▲ 假雇佣，真传销

到岗后才发现没有底薪只有推销奖励，或用丰厚提成诱使求职者付出巨额金钱购买货品或货品的代理权，或要求员工自己投钱入某互联网贷款平台去申请贷款且发展亲朋好友投入互联网网贷，或扣押身份证、收缴手机等通信工具，甚至限制人身自由的，求职者们就应警惕自己是否进入了传销组织。若一旦确认，则应在保证自身安全的前提下，保存证据并向政府相关部门举报。

▲ 假工作，真犯罪

一些求职者会被丰厚薪酬诱惑，入职某些看似合法注册的公司，实际进行诈骗或者其他犯罪行为的犯罪团伙。员工进入公司后会不断被洗脑，进而参与诈骗或者其他犯罪行为，或者明知存在犯罪行为仍积极为其服务，最终为自己的违法犯罪行为埋单，难逃法律严惩。

▲ 假渠道，黑中介

对街头路边的小广告、非正规网站的招聘启事、忽悠人的黑中介都应该避而远之。求职者应该通过诸如校园招聘会，正规的、有备案登记的知名求职网站等渠道去求职，碰到面试地点可疑或者索取高额职业介绍费的中介组织，求职者需要高度戒备，以防被骗。

第三课
面试的应对

一、认识面试

面试，是指招聘单位在接到求职者的个人简历和求职信后，经初步审查，让求职者参加的面对面的考试。面试是考查求职者职业素质的活动，是招聘录用过程中一个十分重要的环节。

如果把找工作比喻成110米跨栏，那么面试就是求职者向终点冲刺的最后一道栏架，决定着是否被用人单位录用。所以，求职者必须认真应对面试，把自己最好的状态表现出来。

知识链接　　　　　　　　　　　　　　　　　　　　职业指导专家谈面试

应对面试的五大原则：准备充分，自信从容，礼貌得体，积极主动，胆大心细。

面试官比较注重面试人员的素质，进入面试考场的每个"小动作"都会被纳入评分范围。面试问题主要有两类：一类是面试官根据面试人员的简历提问；另一类是面试官按事先设计好的问题提问。面试官会根据面试人员对这两类问题的回答以及个人临场表现进行综合评分。

小组面试就是让面试人员共同完成面试过程。在这个过程中，多个面试人员合作完成某个项目。小组面试重点考查团队精神，面试官依据面试人员在团队中的角色胜任程度，以及其对团队的贡献，对面试人员予以评价。

二、面试的准备

一般而言，要想顺利通过面试，须做好三个方面的准备：了解用人单位、准备好自我介绍、做好心理准备。

（一）了解用人单位

当接到面试通知后，首先应该做的是通过各种渠道了解用人单位的信息。这些信息包括用人单位的工作性质、特点、用人单位的内部机构设置、招聘岗位的基本要求、用人单位的企业文化等。

> **知识链接** 　　　　　了解用人单位的重要性
>
> 了解用人单位的相关信息，面试时就可以根据单位的需要来介绍自己，还可以根据用人单位的工作性质和特点，有针对性地回答用人单位提出的问题，阐述自己的能力和特长；还可以在面试时找出与面试官共同的话题，增进与面试官的交流；也可以向其提出一些建设性的建议，让面试官相信你是从事这份工作的最佳人选。

（二）准备好自我介绍

自我介绍是面试中的一项重要内容，要求条理清楚、准确简练、重点突出。自我介绍时要客观，既要讲优点，也要讲不足；既要讲理想，也要讲现实；既要讲个人，也要讲团队。通过自我介绍，要让面试官了解你、信任你，从而看到你的优秀，愿意把机会给你。

（三）做好心理准备

一是要做好全情投入的心理准备。要以沉着、冷静的心态面试，全心全意做好面试的准备工作。

二是要做好面试失败的心理准备。如果面试成功了自然是好事，不成功也不能灰心丧气，要总结经验、教训，认识到面试失败对自己来说并没有失去什么，而是为下一次面试积累经验。

三、面试礼仪和技巧

面试礼仪是指面试过程中应讲求的礼仪规范，它是面试官考查应聘者的重要细节之一。在面试时注意个人礼仪细节，可以让面试官有眼前一亮的感觉。

守时。这是对别人最起码的尊重。面试时守时非常重要，考官会因为你守时作出你时间观念强的判断。

服饰得体。穿着要做到整洁、大方，与自己应聘的岗位相协调。女性着装以朴实、庄重为宜；男性着装以整洁、干练为宜。

表情自然。进门时，将门带上；进门后，不要紧张，表情越自然越好。要主动向考官微笑问好，营造出和谐的面试氛围；站立时挺胸抬头，自然从容，精神饱满。

举止得体。进入面试场地后，当面试官让你坐下时，方可坐下。坐姿应端正，双膝并拢。如带有背包，可将背包放在坐椅右侧的地上。面试时要真诚地注视面试考官，表示对他的话感兴趣，不要东张西望，对对方谈话要适度反应，对方说话幽默时，你的笑声会增添兴致；对方说话严肃认真时，你的认真会强化气氛。

注意倾听。在面试过程中，不要随便打断面试官的讲话，要细心聆听、理解对方的"弦外之音"。

善于交谈。在面试过程中，应主动回答面试官的提问，也可以询问用人单位对你应聘工作岗位的具体安排，面试结束时应对面试官表示感谢。

📝 边学边练——怎么做自我介绍

自我介绍的内容包括三部分：我是谁，我做过什么、我做成过什么，我想做什么。

1. 我是谁

主要介绍自己的基本情况：姓名、年龄、住址、毕业学校、所学专业、应聘职位……可以个性化地介绍自己的名字，从名字的来历或音、义、形进行演绎，这样不仅能够引起面试官的注意，还可以使面试的氛围变轻松。

写出自己的情况：_____

_____

_____

2. 我做过什么，我做成过什么

做过什么，代表你的经验和经历，应重点介绍与应聘职位密切相关的工作或学习经历。

做成过什么，代表你的能力和水平，应重点介绍与应聘职位所需能力相关的证明，如考取的证书、获得的奖项、工作或学习取得的成绩等。

写出自己的情况：_____

_____

_____

3. 我想做什么

主要介绍你应聘的职位和你的职业规划。

写出自己的情况：_____

_____

_____

三个部分的时间分配如下：我是谁（15%），我做过什么、我做成过什么（70%），我想做什么（15%）。

如果面试官没有特别强调，那么自我介绍的时间三分钟左右为宜，按照每分钟180到200字的语速，也就是说，求职者需要准备大概五六百字的内容，这样的语速可以让对方感到舒服，同时也能更加有效地传递信息。

面试技巧是指面试中巧妙的技能。运用好面试技巧，可以让面试官进一步认识你的素质和能力。

> **知识链接**
>
> 回答问题的技巧
>
> 1. 抓住关键，有理有据。在一般情况下，回答问题要结论在先，论证在后，先将自己的中心意思表达清晰，然后再作阐述和论证。面试时间有限，多余的话太多会冲淡或漏掉主题。
>
> 2. 简洁明了，避免抽象。针对所提问题，需要简洁而清楚地回答，不要过于抽象，否则会给考官留下不好的印象。
>
> 3. 把握重点，沉着应对。如果对用人单位提出的问题不知从何答起或难以理解对方问题时，可将问题复述一遍，先谈谈自己对这一问题的理解，再请教对方问题的准确性以确认回答内容。
>
> 4. 勇抒己见，展示个性。只有具有独到的个人见解和特色的回答，才会引起考官的兴趣和注意。
>
> 5. 正视不足，坦诚对待。当面试遇到自己不甚了解的问题时，不要回避或牵强附会，诚恳、坦率地承认自己的不足之处，或许会赢得考官的信任和好感。

四、面试后续事项

面试结束后，应聘者可以做两件事：一是在面试后的两天内，给招聘人员写封信表示感谢。感谢信要简洁，最好不要超过一页纸；二是面试之后两个星期，如果没有任何回音，不妨给面试单位打电话询问面试结果。如果面试单位回答还在考虑中，你可以再次表示自己对这个工作的兴趣并耐心等待；如果失败了，你要优雅地表示感谢，还可询问自己的不足，以便今后改进；如果成功了，你需要为新的工作做好充分的准备。

📝 边学边练——答好面试的"必考题"

1. 为什么想进本公司？

   你的回答：_____

   老师提示： 回答这个问题时，一定要积极正面，如想要使自己能有更好的发展空间、希望能在相关领域中有所发展、希望能在公司多多学习等。同时还可稍稍夸一下面试公司，但切记一定要诚恳，不然可能会画蛇添足。

2. 喜欢这份工作的哪一点？

   你的回答：_____

   老师提示： 每个人的价值观不同，自然评断的标准也会不同，但是，在回答面试官这个问题时不能太直接就把自己心里的话说出来，尤其是薪资方面的问题，不过如交通方便、工作性质及内容颇能符合自己的兴趣等都是不错的答案。同时，如果这时自己能仔细思考出这份工作的与众不同之处，相信在面试上会大大加分。

3. 对工作的期望与目标何在？

   你的回答：_____

   老师提示： 最好针对工作的性质找出一个确定的答案，如业务员的工作可以这样回答："我的目标是能成为一个'超级'业务员，将公司的产品推销至全中国乃至全世界的各个角落，达到最好的业绩成效；为了达到这个目标，我一定会努力学习，而我相信以我认真、负责的态度，一定可以达到这个目标。"其他类的工作也可以比照这个方式来回答，只要在目标方面稍作修改即可。

第四课 创业

在"大众创业，万众创新"政策背景下，在国家经济结构不断优化、发展新动能快速成长的时期，在乡村振兴战略全面实施、农村扶贫进入攻坚克难的阶段，我们应该做怎样的准备，又要有怎样的担当呢？当今社会，"创新、创业、创造"已经成为时代的主旋律。所谓时势造英雄，正如李克强总理所说"创业创新者就是今天这个时代的英雄"。

一、创业者的知识要求

创业者在创业过程中，不仅需要以往的社会经验，更需要知识武装。在创业过程中，学习并运用好知识，能获得事半功倍的效果。创业者所需的知识可概括为专业技术知识、经营管理知识和社会文化知识。

（一）专业技术知识

这里所说的专业技术知识是指与创业项目有关的专业技术知识。专业技术知识是创业者的核心竞争力，能很好地形成创业项目。例如：种植某农作物必须掌握相关种植技术的知识；加工某产品必须掌握该产品的设计、功效与生产流程等专业技术知识。

（二）经营管理知识

经营管理知识包括市场营销、人力资源、组织战略、组织行为、企业文化、财务管理等知识。创业者如果具有扎实的经营管理知识，并将其用于企业的经营管理中，就能有效提升企业效益，实现成功创业。

（三）社会文化知识

社会文化知识既来自书本与课堂，也来自日常生活，如人际交往、地方风土人情等。社会文化知识越丰富的人，洞察社会环境变化的能力越强，把握机会的能力也越强。

创业过程是一个创业者不断学习、积累知识的过程。在这个知识爆炸的年代，创业者早已不能死守一技之能去"通吃"天下。创业者要向他人学、向书本学、向社会学，切忌自满、自傲。

拓展与思考——到岛上去推销鞋子

两位销售员来到一个岛上调研鞋子的市场需求情况，然后向老总报告调研结果。一位说："岛上居民没有穿鞋习惯，对鞋子没有需求。"另一位说："岛上居民没有穿鞋习惯，这是一个巨大的市场。"

写出你的看法：_____

_____

_____

二、创业的实施

（一）学会使用 SWOT 分析工具

SWOT 是由 Strength（优势）、Weakness（劣势）、Opportunity（机会）、Threat（威胁）四个英文单词的第一个字母组合而成的。

优势是指创业项目的长处，如产品质量好而且价格便宜、地理位置非常便利、员工技术水平高等。

劣势是指创业项目的弱点，如产品价格比竞争对手的要高、缺少足够的流动资金、售后服务水平不高等。

机会是指周围环境存在的对创业项目有利的因素，如产品越来越受消费者喜欢、本地区没有类似的生产商、政策利好等。

威胁是指周围环境存在的对创业项目不利的因素，如原材料价格上涨、潜在进入者加入、产品的生命周期太短、员工流动性太大、地区经济不发达、融资难等。

优势和劣势分析主要是看清楚创业项目本身的实力，以及与未来竞争者的比较；而机会和威胁分析主要看清楚创业项目所在的外部环境的变化情况，以及这些变化对创业项目可能产生的影响。

SWOT 分析工具提供了一个分析创业项目外部机会与威胁、内部优势与劣势的框架。在进行 SWOT 分析时，要全面考虑自己的创业项目所具有的上述四个方面的各类因素。优势和劣势是存在于项目内部的因素，这些因素可以通过努力改变；机会和威胁是存在于项目外部的因素，这些因素是难以发生改变的。

（二）制订创业计划

计划的内容涉及两个方面：一是目标，即做什么的问题，二是实现这个目标的路径，即怎么做的问题，更为详细的说法是"5W+2H"。

（1）What：做什么？（管理活动的内容是什么）

（2）Why：为什么要做？（做这个计划的原因和目的是什么）

（3）Who：谁来做？（明确执行这个计划涉及的人或部门）

（4）When：什么时间做？（明确计划实施的时间）

（5）Where：在哪儿做？（计划实施涉及的空间位置）

（6）How：怎样做？（实现计划的方案、措施等）

（7）How money：花多少钱？（实现计划要花费的资源）

✎ 边学边练——撰写创业计划书

劳动目标： 结合专业知识和劳动能力的要求，培养发掘创业项目，撰写创业计划书。

劳动内容： 按标准文本格式撰写创业计划书，包括创业项目的产生过程、决策依据、实现路径、存在问题、解决途径等一系列内容。

创业计划的制订需基于信息的搜集和分析的基础上。这个制订过程有利于确定创业宗旨、创业目标、创业方法等。

1. 创业项目分析

（1）主要产品（或服务）内容及其独特性。

（2）确定目标客户，以及产品（或服务）能给客户带来的价值。

（3）产品生产计划、成本和售价。

（4）核心技术情况。

2. 市场分析

（1）产业目前发展状态与市场规模。

（2）产业发展趋势预测与盈利潜力。

（3）竞争者优劣势、自身优劣势及策略分析。

3. 主要管理成员的才能及职责

（1）所有权、股权与报酬。

（2）专业顾问与提供的服务。

4. 经营方案

（1）企业目标规模。

（2）企业的管理方式及经营战略。

（3）风险分析及应对办法。

5. 财务计划

（1）启动资金预算。

（2）融资计划。

（3）盈亏平衡分析。

（4）收益表、资产负债表、现金流量表。

（5）投资回收期估算。

6. 营销计划

（1）产品（或服务）定价策略。

（2）销售方式、营销策略。

（3）促销策略。
（4）薪酬计划。
（5）广告方式。

劳动成果： 劳动成果以创业计划书的形式体现在劳动成果展示手册中，资料图片、实施过程等佐证材料填入劳动成果展示表中。

劳动成果展示表

劳动成果名称	劳动成果形式	备注
创业计划书	撰写过程研究、讨论的照片、查阅资料、佐证材料	个人成果

（三）互联网创业的优势与劣势

在我国，互联网商业环境越来越成熟，存在于互联网环境的创业机会也越来越多，伴随着越来越多的创业者和投资人的加入，以互联网为切入点形成的初创企业越来越多，"网创"已经成为互联网时代创业的主流。

1. 互联网创业的优势

互联网创业之所以能在当今社会普及，并产生巨大的经济效益，是因为互联网创业具有强大的活力。

（1）创业门槛较低。一般来说，创业者利用互联网进行创业，如果从单纯只开一家网店来说，初创时期的投入不多，也许几台电脑、一间小屋、几名网络客服即可。创业者只需通过网络搭建供需之间的桥梁，并从中获取利润。

（2）组织相对简单。作为互联网创业型企业，其初创期的主要工作在网上进行，实体组织结构简单，管理人员不必太多，层次可以扁平化，人员可以精简，沟通相对简单，不需要一开始就设计系统、全面的组织结构。

（3）创业风险较小。互联网创业前期投入相对较少，风险相对较低。

2. 互联网创业的劣势

创业者要冷静地看待互联网创业的劣势，并运用恰当的方式进行处理。

（1）竞争相当激烈。正因为互联网创业进入门槛低，所以有大量创业者涌入，形成比较激烈的竞争，如价格竞争的压力，产品需要不断更新的压力，随时可能被收购、兼并、重组等压力。

（2）自身基础还不牢固。许多新创的互联网企业存在可持续发展的问题。因为新创的互联网企业成立快，发展也可能较快，这就往往会导致企业存在缺乏文化沉淀、没有管理基础、人才储备不足等问题。

（3）发展中的不可测因素多。作为互联网企业，易受平台开发商和供应商的牵制，导致企业运营被动；另外，消费者选择余地大也会制约互联网企业的发展。

边学边练

我国早在 2014 年就提出了"大众创业、万众创新"的口号，将创新创业提升到国家战略的高度。从 2015 年国务院发布的《国务院关于大力推进大众创业万众创新若干政策措施的意见》，到 2018 年国务院发布的《国务院关于推动创新创业高质量发展打造"双创"升级版的意见》，随着我国"双创"的发展，国家创业政策越来越完备，政策体系初步形成。

上网查询来自国家、各部委和本省还有哪些创业政策？

第六单元 劳动权益保障

好不容易找到工作,公司却迟迟不肯签劳动合同;一年期限的劳动合同,试用期却长达半年……初入职场的新人们,这些关乎自身合法权益的劳动合同常识你知道吗?

请写下你的感言:

第一课
订立劳动合同

　　劳动合同是处理劳动争议的重要依据，是劳动者和用人单位双方利益的共同"保护神"。了解劳动合同的订立时间、合同类型、合同条款等法律常识，有利于促成劳动关系双方当事人遵照合法、公平、平等自愿、协商一致、诚实守信的原则，及时订立劳动合同，维护双方权益。

　　劳动合同是用人单位与劳动者之间确立劳动关系，明确双方权利和义务的协议。用人单位与劳动者建立劳动关系时，应当依法订立书面劳动合同。

一、劳动合同的订立时间

　　劳动合同的订立时间，是指用人单位在什么时候与劳动者订立劳动合同。在我国，用人单位可以在三个时间与劳动者订立劳动合同。

1. 在建立劳动关系的同时订立劳动合同

用人单位在与劳动者建立劳动关系的同时就与劳动者订立劳动合同，明确双方当事人之间的权利和义务。

2. 在建立劳动关系之前订立劳动合同

用人单位先与劳动者订立劳动合同，并约定在一段时间之后才正式建立劳动关系。

3. 在建立劳动关系之后一个月内订立劳动合同

用人单位先与劳动者建立劳动关系，并从开始建立劳动关系之日起一个月内与劳动者订立劳动合同。

知识链接 劳动关系双方当事人没有按时订立劳动合同怎么办？

用人单位的原因：自用工之日起超过一个月、不满一年未与劳动者订立书面劳动合同的，应当向劳动者每月支付两倍的工资，并与劳动者补订书面劳动合同。

劳动者的原因：自用工之日起一个月内，经用人单位书面通知后，劳动者不与用人单位订立书面劳动合同的，用人单位应当书面通知劳动者终止劳动关系，无需向劳动者支付经济补偿，但是应当依法向劳动者支付其实际工作时间的劳动报酬。

二、劳动合同的类型

根据劳动合同期限的不同，可以将劳动合同分为三类：固定期限劳动合同、无固定期限劳动合同和以完成一定工作任务为期限的劳动合同。只要用人单位与劳动者协商一致，可以订立以上任何一种劳动合同。

类型	含义
固定期限劳动合同	指用人单位与劳动者约定合同终止时间的劳动合同
无固定期限劳动合同	指用人单位与劳动者约定无确定终止时间的劳动合同
以完成一定工作任务为期限的劳动合同	指用人单位与劳动者约定以某项工作的完成为合同期限的劳动合同

知识链接

哪些情形应当订立无固定期限合同？

有下列情形之一，劳动者提出或者同意续订、订立劳动合同的，除劳动者提出订立固定期限劳动合同外，应当订立无固定期限劳动合同：

（一）劳动者在该用人单位连续工作满十年的。

（二）用人单位初次实行劳动合同制度或者国有企业改制重新订立劳动合同时，劳动者在该用人单位连续工作满十年且距法定退休年龄不足十年的。

（三）连续订立两次固定期限劳动合同，且劳动者没有下列情形而续订劳动合同的：

1. 在试用期间被证明不符合录用条件的。
2. 严重违反用人单位的规章制度的。
3. 严重失职，营私舞弊，给用人单位造成重大损害的。
4. 劳动者同时与其他用人单位建立劳动关系，对完成本单位的工作任务造成严重影响，或者经用人单位提出拒不改正的。
5. 因以欺诈、胁迫的手段或者乘人之危，使对方在违背真实意愿的情况下订立或者变更劳动合同从而致使劳动合同无效的。
6. 被依法追究刑事责任的。
7. 劳动者患病或者非因工负伤，在规定的医疗期满后不能从事原工作，也不能从事由用人单位另行安排的工作的。
8. 劳动者不能胜任工作，经过培训或者调整工作岗位，仍不能胜任工作的。用人单位自用工之日起满一年不与劳动者订立书面劳动合同的，视为用人单位与劳动者已订立无固定期限劳动合同。

> **知识链接**　法律意义大不相同的劳动合同和劳务合同
>
> 劳动合同是用人单位与劳动者之间确定劳动关系的用工合同，以劳动者成为用人单位内部员工为目的；劳务合同是提供劳务一方为接受劳务一方提供服务的合同，以提供劳务方的劳动行为作为合同标的。
>
> 在权利义务方面，劳动合同的双方主体间不仅存在财产关系，还存在人身关系，劳动者必须遵守用人单位的规章制度，用人单位负有为劳动者缴纳社会保险等法律责任；劳务合同的双方主体之间只存在财产关系，提供劳务一方无须成为用工单位的成员。
>
> 在救济途径方面，劳动合同争议出现时，争议一方应先到劳动仲裁委员会申请劳动仲裁，不服仲裁结果并在法定期间内才可到法院起诉；劳务合同纠纷出现后，争议双方可直接向法院起诉。

三、劳动合同条款

劳动合同条款包括必备条款和约定条款。

必备条款包括用人单位的名称、住所及其法定代表人或者主要负责人，劳动者的姓名、住址和居民身份证或者其他有效身份证件号码，劳动合同期限，工作内容和工作地点，工作时间和休息休假，劳动报酬，社会保险，劳动保护、劳动条件和职业危害防护，法律、法规规定应当纳入劳动合同的其他事项。

约定条款包括除上述必备条款外，用人单位与劳动者可以约定试用期、培训保守秘密、补充保险和福利待遇等其他事项。

知识链接 《劳动合同法》关于"试用期"的若干规定

1. 试用期的期限

若劳动合同期限为三个月以上且不满一年，则试用期不得超过一个月；若劳动合同期限为一年以上且不满三年，则试用期不得超过两个月；若劳动合同期限为三年以上或为无固定期限，则试用期不得超过六个月；以完成一定工作任务为期限的劳动合同或者劳动合同期限不满三个月的不得约定试用期。

2. 试用期的约定次数

同一用人单位与同一劳动者只能约定一次试用期。

试用期包含在劳动合同期限内。劳动合同仅约定试用期的，试用期不成立，该期限为劳动合同期限。

3. 试用期的待遇

劳动者在试用期的工资不得低于本单位相同岗位最低档工资或者劳动合同约定工资的百分之八十，并不得低于用人单位所在地的最低工资标准。

在试用期中，除以下三种情况外，用人单位不得解除劳动合同。用人单位在试用期解除劳动合同的，应当向劳动者说明理由。

（1）劳动者在试用期间被证明不符合录用条件；

（2）劳动者患病或者非因工负伤，在规定的医疗期满后不能从事原工作，也不能从事由用人单位另行安排的工作；

（3）劳动者不能胜任工作，经过培训或者调整工作岗位后仍不能胜任工作。

拓展与思考

前不久，江西籍保洁员丁翠竹与福州一家企业的3年劳动合同期满。其间，她因调休被人事部门认定为旷工并遭辞退。申请劳动仲裁时，她才发现，3年前她与单位签订的劳动合同中关键条款留有空白，如今该合同上盖的是另一家劳务派遣公司的章，且收入一栏所填数字比实际收入少了近一半。

为降低违法用工的风险，一些企业常在劳动报酬、社会保险、休息休假、劳动保护等劳动合同必备条款处留白，方便任意"填空"。劳动者往往因法律意识不足或迫于就业压力而在这样的"空白劳动合同"上签字，导致自身权益得不到保障，日后陷入"维权难"。

提示：订立劳动合同应遵循合法、公平、平等自愿、协商一致、诚实信用的原则。用人单位要求劳动者签订必备条款全部或部分缺失的劳动合同时，劳动者有权拒签。劳动合同中的工作内容和工作地点要具体、明确，劳动报酬要约定清楚，切勿与用工单位签订"双面合同"。若一定要与用人单位签订"空白劳动合同"，劳动者则可在合同的空白处写上"空白"字样，以防用人单位事后单方面篡改。

四、订立劳动合同的注意事项

劳动合同是处理劳动纠纷的重要依据，事关劳动者切身利益，必须认真对待。在与用人单位订立劳动合同时，应特别留心合同条款的全面性、有效性以及有关免责条款等。

知识链接　　　　　　　　　　　　　　　　劳动合同的解除

哪些情形下，劳动合同可以解除？

用人单位有下列情形之一的，劳动者可以解除劳动合同：未按照劳动合同约定提供劳动保护或者劳动条件的；未及时足额支付劳动报酬的；未依法为劳动者缴纳社会保险费的；用人单位的规章制度违反法律、法规的规定，损害劳动者权益的；因以欺诈、胁迫的手段或者乘人之危，使对方在违背真实意思的情况下订立或者变更劳动合同，致使劳动合同无效的；法律、行政法规规定劳动者可以解除劳动合同的其他情形。

劳动者有下列情形之一的，用人单位可以解除劳动合同：在试用期间被证明不符合录用条件的；严重违反用人单位的规章制度的；严重失职，营私舞弊，给用人单位造成重大损害的；劳动者同时与其他用人单位建立劳动关系，对完成本单位的工作任务造成严重影响，或者经用人单位提出，拒不改正的；因以欺诈、胁迫的手段或者乘人之危，使对方在违背真实意思的情况下订立或者变更劳动合同，致使劳动合同无效的；被依法追究刑事责任的。

边学边练——伪造证书，劳动合同被判无效

成都某公司与小李订立劳动合同后，发现小李的毕业证书系伪造，随即将其诉至法院。公司认为，小李存在欺诈行为，根据我国《劳动合同法》的规定，双方劳动合同应属无效。公司诉至法院，请求判决双方订立的劳动合同无效。

经审理，法院认为，根据我国《劳动合同法》的规定，以欺诈等手段使对方在违背真实意思的情况下订立的劳动合同，由仲裁机构或者人民法院确认无效。本案中，双方在订立劳动合同时，被告在明知其毕业证书系伪造的情况，仍然向原告出示该证书，使原告陷入错误认识与其订立了劳动合同，因此，法院确认双方订立劳动合同应属无效。劳动合同被确认无效后，劳动者已付出劳动的，用人单位应当向劳动者支付劳动报酬。法院最终判决：双方劳动合同无效，公司仅需向小李支付实际应得的工资。

从这个案例中，小李应该吸取什么教训？请与大家分享你的看法。

第二课
劳动争议处理方式

劳动者合法权益的维护是当前社会的焦点问题之一。出现拖欠工资、强迫劳动、不提供应有劳动条件等各类劳动纠纷时,劳动者常常处于劣势。了解劳动争议处理方式,有利于把握劳动争议处理的主动权,最大限度地维护自身权益。

劳动争议又称劳动纠纷,是用人单位与劳动者之间因劳动权利与义务发生分歧而引起的争议。其中,有的属于既定权利的争议,如要求支付拖欠的工资;有的属于要求新的权利而出现的争议,如要求按规定签订无固定期限合同。

我国处理劳动争议方式有四种,分别是协商、调解、仲裁和诉讼。

一、劳动争议协商

发生劳动争议,一方当事人可以通过与另一方当事人约见、面谈等方式协商解决,也可以申请所在企业工会参与或者协助其与企业进行协商。协商不是处理劳动争议的必要程序,当事人不愿协商或协商不成的,可以依法申请调解和仲裁。

根据《企业劳动争议协商调解规定》，一方当事人提出协商要求后，另一方当事人应当积极做出口头或者书面回应。5日内不做出回应的，视为不愿协商。协商的期限由当事人书面约定，在约定的期限内没有达成一致的，视为协商不成。

知识链接 　　　　　　　　　　　　　　　　　　　　　劳动争议的范围

根据《中华人民共和国劳动争议调解仲裁法》第2条规定，劳动争议的范围是：

（一）因确认劳动关系发生的争议；

（二）因订立、履行、变更、解除和终止劳动合同发生的争议；

（三）因除名、辞退和辞职、离职发生的争议；

（四）因工作时间、休息休假、社会保险、福利、培训以及劳动保护发生的争议；

（五）因劳动报酬、工伤医疗费、经济补偿或者赔偿金等发生的争议；

（六）法律、法规规定的其他劳动争议。

二、劳动争议调解

劳动争议调解是指当事人自愿将劳动争议提交给有关调解机构处理，调解机构在查明事实、分清是非的基础上，通过宣传法律、法规、政策和说服教育等途径，使争议双方相互谅解，达成协议，及时解决纠纷的一种活动。在我国，调解要通过法定的组织，经过法定的程序，生效的调解协议书对双方当事人具有约束力，当事人应当履行。

法定组织。我国劳动争议调解组织有：企业劳动争议调解委员会，依法设立的基层人民调解组织，乡镇、街道设立的具有劳动争议调解职能的组织。

法定程序。调解要按照以下程序进行：调解申请→案件受理→进行调查→实施调解→调解协议的执行。

调解协议。调解协议书由双方当事人签名或者盖章，经调解员签名并加盖调解组织印章后生效，对双方当事人具有约束力，当事人应当履行。

当事人一方不愿调解或自劳动争议调解组织收到调解申请之日起十五日内未达成调解协议的，另一方当事人可以依法申请仲裁。

> **知识链接** 　　　　　　　当事人一方不履行调解协议怎么办？
>
> 达成调解协议后，一方当事人在协议约定期限内不履行调解协议的，另一方当事人可以依法申请仲裁。
>
> 因支付拖欠劳动报酬、工伤医疗费、经济补偿或者赔偿金事项达成调解协议，用人单位在协议约定期限内不履行的，劳动者可以持调解协议书依法向人民法院申请支付令。人民法院应当依法发出支付令。

三、劳动争议仲裁

劳动争议仲裁是指劳动争议仲裁委员会根据当事人的申请，依法对劳动争议作出判断，在权利义务上作出裁决的一种法律制度。劳动争议双方当事人不愿协商、调解，或是协商、调解不成，以及当事人一方拒不履行协商、调解协议的，可以申请仲裁。

劳动争议由劳动合同履行地或者用人单位所在地的劳动争议仲裁委员会管辖。劳动争议申请仲裁的时效期为一年，从当事人知道或者应当知道其权利被侵害之日起计算。申请仲裁应当提交书面仲裁申请，并按照被申请的人数提交副本。仲裁庭裁决劳动争议案件，应当自劳动争议仲裁委员会受理仲裁申请之日起四十五日内结束。

> **知识链接**　　　　　　　　　仲裁申请书应当写明的事项
>
> 1. 劳动者的姓名、性别、年龄、职业、工作单位和住所，用人单位的名称、住所和法定代表人或者主要负责人的姓名、职务。
> 2. 仲裁请求和所根据的事实、理由。
> 3. 证据和证据来源、证人姓名和住所。
>
> 劳动争议仲裁中的特别规定：
>
> 1. 劳动争议仲裁公开进行，但当事人协议不公开进行或者涉及国家秘密、商业秘密和个人隐私的除外。
> 2. 当事人有正当理由的，可以在开庭3日前请求延期开庭，是否延期由劳动争议仲裁委员会决定。
> 3. 劳动争议仲裁裁决一般是终局裁决，裁决书自作出之日起发生法律效力。
> 4. 劳动争议仲裁不收费。劳动争议仲裁委员会的经费由财政予以保障。

四、劳动争议诉讼

劳动争议诉讼是指人民法院对当事人不服劳动争议仲裁机构的裁决或决定而起诉的劳动争议案件，依照法定程序进行审理和判决，并对当事人强制执行的一种劳动争议处理方式。

劳动者在以下四种情况下，可以向人民法院起诉寻求法律保护：

①当事人不服劳动争议仲裁委员会作出的不予受理的书面裁决、决定或者通知；

②当事人不服劳动争议仲裁委员会作出的劳动争议裁决；

③仲裁庭逾期未作出仲裁裁决的；

④当事人一方不履行仲裁委员会已发生法律效力的裁决书或调解书，另一方当事人可申请人民法院强制执行。

知识链接　　劳动争议诉讼应当注意的事项

1. 劳动争议发生后，当事人可以通过调解委员会解决，也可以不经调解，直接向劳动争议仲裁委员会申请仲裁。但是，诉到人民法院的劳动争议案件必须先经劳动仲裁委员会仲裁，仲裁是诉讼的必经程序。

2. 劳动争议案件由用人单位所在地或者劳动合同履行地的基层人民法院管辖，劳动合同履行地不明确的，由用人单位所在地的基层人民法院管辖。

3. 劳动争议诉讼时效有普通时效和特殊时效之分。普通时效为两年，身体受到伤害要求赔偿的诉讼时效为一年。当事人不服仲裁终局裁决向人民法院提起诉讼的，应当自收到仲裁裁决书之日起十五日内提起。

4. 起诉后，劳动诉讼当事人应详细阅读法院送达的《民事诉讼案件举证通知书》，并按照其规定全面地向法院提供可以证明其主张或反驳对方的证据。

边学边练

小张原为某公司员工。2020年12月，他向所在公司提出辞职，得到批准后，双方解除劳动关系。但在其依照国家规定办理社保手续时，发现公司几年前不慎将其档案遗失，之后便再没有为其办理社保手续。

请问，小张可以通过哪些途径维护自己的权益？

第三课
劳动法律法规

　　劳动法律法规是劳动者的权益保障书,是实现劳动者"体面"劳动的基本保障。了解劳动法律法规,可以帮助劳动者更加清晰地知道自己的权利和义务,明确自身职责,维护自身权益。

　　劳动法律法规是国家为了保护劳动者的合法权益,调整劳动关系,建立和维护适应社会主义市场经济的劳动制度,促进经济发展和社会进步,根据宪法而制定颁布的系列法律法规。具体包括宪法中关于劳动问题的规定、劳动法律、国务院劳动行政法规、劳动规章、地方性劳动法规、我国立法机关批准的相关国际公约以及有关劳动法律规范的正式解释。

知识链接　　《宪法》中关于劳动问题的规定

　　第四十二条　中华人民共和国公民有劳动的权利和义务。国家通过各种途径,创造劳动就业条件,加强劳动保护,改善劳动条件,并在发展生产的基础上提高劳动报酬和福利待遇。

　　劳动是一切有劳动能力的公民的光荣职责。国有企业和城乡集体经济组织的劳动者都应当以国家主人翁的态度对待自己的劳动。

国家提倡社会主义劳动竞赛，奖励劳动模范和先进工作者。国家提倡公民从事义务劳动。国家对就业前的公民进行必要的劳动就业训练。

第四十三条　中华人民共和国劳动者有休息的权利。国家发展劳动者休息和休养的设施，规定职工的工作时间和休假制度。

第四十四条　国家依照法律规定实行企事业组织的职工和国家机关工作人员的退休制度。退休人员的生活受到国家和社会的保障。

第四十八条　中华人民共和国妇女在政治、经济、文化、社会和家庭生活等各方面享有同男子平等的权利。国家保护妇女的权利和利益，实行男女同工同酬培养和选拔妇女干部。

一、劳动法律

我国的劳动法律主要包括《劳动法》《劳动合同法》《劳动争议调解仲裁法》《就业促进法》等，另外，《工会法》《未成年人保护法》《企业破产法》《残疾人保障法》和《合同法》中也有相关劳动问题的规定。

《劳动法》的内容主要包括劳动者的主要权利和义务，劳动合同的订立、变更与解除程序，工作时间与休息时间制度，劳动报酬制度，劳动保护等。《劳动法》自1995年1月1日起正式施行。2018年12月29日第十三届全国人民代表大会常务委员会第七次会议通过了其第二次修正。

《劳动合同法》共分八章九十八条，具体包括总则、劳动合同的订立、劳动合同的履行和变更、劳动合同的解除和终止、特别规定、监督检查、法律责任和附则。《劳动合同法》自2008年1月1日起正式施行。2012年12月28日第十一届全国人大常委会第十三次会议通过了修改决定。

《劳动争议调解仲裁法》共分四章五十四条，具体包括总则、调解、仲裁、一般规定、申请和受理、开庭和裁决、附则。《劳动争议调解仲裁法》自2008年5月1日起施行。

《就业促进法》主要对禁止就业歧视、扶助困难群体、规范就业服务和职业教育及培训等人们普遍关心的就业问题进行了详细规定。《就业促进法》自2008年1月1日起正式施行。2015年4月24日第十二届全国人民代表大会常务委员会第十四次会议进行了修正。

> **知识链接**　　　　　　　　　　　劳动法的起源
>
> 18世纪末至19世纪初,随着西方各国无产阶级革命运动的逐步兴起,工人阶级强烈要求废除原有的工人法规,颁布缩短工作日的法律;要求增加工资、禁止使用童工、对女工及未成年工给予特殊保护以及实现社会保险等。资产阶级政府迫于上述情况,制定了限制工作时间的法规,从而促使了劳动法的产生。
>
> 英国于1802年通过的《学徒健康和道德法》是现代劳动立法的开端。1864年,英国颁布了适用于一切大工业的《工厂法》,1901年又制定了《工厂和作坊法》,对劳动时间、工资给付日期、地点以及建立以生产额多少为比例的工资制等做了详细规定。德国于1839年颁布了《普鲁士工厂矿山条例》。法国于1806年制定了《工厂法》,1841年颁布了《童工、未成年工保护法》,1912年制定了《劳工法》。进入20世纪以后,西方主要国家都相继颁布了劳动法规。1802年以后的百余年间,西方国家的劳动法从民法中分离出来。

二、劳动行政法规与劳动规章

劳动行政法规是国务院为领导和管理全国劳动行政工作,根据宪法和法律,按照法定程序制定的有关行使劳动行政权力、履行劳动行政职责的规范性文件。我国劳动行政法规包括《中华人民共和国劳动合同法实施条例》《劳动保障监察条例》《禁止使用童工规定》《女职工劳动保护规定》等。

　　劳动规章是国务院劳动行政部门在其职权范围内，为执行国家劳动法律和行政法规而制定的有关劳动问题的规范性文件。我国的劳动规章包括《未成年工特殊保护规定》《劳动行政处罚若干规定》《违反和解除劳动合同的经济补偿办法》《劳动和社会保障信访工作暂行规定》等。

知识链接　　　　　　　　　　　　　　　解除劳动合同应该如何补偿？

　　根据《违反和解除劳动合同的经济补偿办法》，解除劳动合同应该按下面规定进行补偿：

　　1. 经劳动合同当事人协商一致，由用人单位解除劳动合同的，用人单位应根据劳动者在本单位工作年限，每满一年发给劳动者一个月工资的经济补偿金，最多不超过十二个月。工作时间不满一年的按一年的标准发经济补偿金。

　　2. 劳动者患病或者非因工负伤，经劳动鉴定委员会确认不能从事原工作与不能从事用人单位另行安排的工作而解除劳动合同的，用人单位应按其在本单位的工作年限，每满一年发给劳动者一个月工资的经济补偿金，同时还发给不低于六个月工资的医疗补助费。

　　患重病和绝症的还应增加医疗补助费，患重病的增加部分不低于医疗补助费的百分之五十，患绝症的增加部分不低于医疗补助费的百分之百。

　　3. 劳动者不能胜任工作，经过培训或者调整工作岗位仍不能胜任工作，由用人单位解除劳动合同的，用人单位也应按其在本单位工作的年限，工作时间每满一年，发给劳动者一个月工资的经济补偿金，最多不超过十二个月。

　　4. 劳动合同订立时所依据的客观情况发生重大变化，致使原劳动合同无法履行，经当事人协商，不能就变更劳动合同达成协议，由用人单位解除劳动合同的，用人单位按劳动者在本单位工作的年限，工作时间每满一年发给劳动者一个月工资的经济补偿金。

　　5. 用人单位濒临破产进行法定整顿期间，或者因生产经营状况发生严重困难，必须裁减人员的，用人单位按被裁减人员在本单位工作的年限支付经济补偿金。在本单位工作的时间每满一年，发给劳动者一个月工资的经济补偿金。

　　6. 用人单位解除劳动合同后，未按规定给予劳动者经济补偿的，除全额发给经济补偿金外，还须按该经济补偿金数额的百分之五十支付额外经济补偿金。

三、有关劳动法律法规的正式解释

　　法律正式解释是指由有权解释法律的国家机关对法律的含义以及法律所使用的概念、术语等所做的说明。根据解释主体的不同，正式解释分为立法解释、司法解释和行政解释。立法解释又称法律解释，是立法机关根据立法原意，对法律规范具体条文的含义以及所使用的概念、术语、定义所作的说明。司法解释是司法机关对法律、法规的具体应用问题所做的说明。行政解释是由国家行政机关对于不属于审判和检察工作中的其他法律的具体应用问题以及自己依法制定的法规进行的说明。

边学边练

　　王某被某公司聘为业务员，并与该公司签订了为期两年的劳动合同。劳动合同约定，王某需先交 3000 元风险抵押金，如果吴某违约，则 3000 元押金不予退还；王某试用期为 6 个月，试用期每月工资为 1500 元，试用期满后每月工资为 3500 元。劳动合同还规定，如果王某严重违反公司的劳动纪律，或者患病住院、怀孕等，公司有权立即解除劳动合同，并且不需要给王某任何经济补偿。

　　请问该劳动合同存在哪些违反劳动法规的地方？王某可以通过哪些途径维护自己的利益？

拓展园地

中华人民共和国人力资源和社会保障部官网

全国人力资源和社会保障政务服务平台